继续
教育

继续(网络)教育系列规划教材

荣获全国高校现代远程教育协作组评比“网络教育教材建设金奖”

# 网络教育学习导论

# Wangluo Jiaoyu Xuexi Daolun

主　编　李　杰
副主编　李自利　高婷婷

西南财经大学出版社
Southwestern University of Finance & Economics Press
中国·成都

**图书在版编目(CIP)数据**

网络教育学习导论/李杰主编．—成都：西南财经大学出版社，2018.9

ISBN 978-7-5504-3658-9

Ⅰ.①网…　Ⅱ.①李…　Ⅲ.①网络教育—教材　Ⅳ.①G434

中国版本图书馆 CIP 数据核字(2018)第 188211 号

**网络教育学习导论**

主　编　李杰
副主编　李自利　高婷婷

责任编辑：王青杰
封面设计：穆志坚　张姗姗
责任印制：朱曼丽

| | |
|---|---|
| 出版发行 | 西南财经大学出版社（四川省成都市光华村街 55 号） |
| 网　　址 | http://www.bookcj.com |
| 电子邮件 | bookcj@foxmail.com |
| 邮政编码 | 610074 |
| 电　　话 | 028-87353785　87352368 |
| 照　　排 | 四川胜翔数码印务设计有限公司 |
| 印　　刷 | 四川新财印务有限公司 |
| 成品尺寸 | 185mm×260mm |
| 印　　张 | 7.25 |
| 字　　数 | 166 千字 |
| 版　　次 | 2018 年 9 月第 1 版 |
| 印　　次 | 2018 年 9 月第 1 次印刷 |
| 印　　数 | 1— 3000 册 |
| 书　　号 | ISBN 978-7-5504-3658-9 |
| 定　　价 | 19.80 元 |

# 总序

十九大报告明确提出："办好继续教育，加快建设学习型社会，大力提高国民素质。"高等学历继续教育作为国家高等教育的重要组成部分，保证和提高人才培养质量是国家办好继续教育的核心要求，作为教育资源的高质量教材是保证人才培养质量的基础之一。高等学历继续教育学生对教材质量的要求越来越高。为了进一步提高继续（网络）教育的人才培养质量，帮助学生更好地学习，依据西南财经大学继续（网络）教育人才培养目标、成人学习的特点及规律，西南财经大学继续（网络）教育学院和西南财经大学出版社共同规划，依托学校各专业学院的骨干教师资源，致力于开发适合继续（网络）学历教育学生的高质量优秀系列规划教材。

西南财经大学继续（网络）教育学院和西南财经大学出版社按照继续（网络）教育人才培养方案，编写了专科及专升本公共基础课、专业基础课、专业主干课和部分选修课教材，以完善继续（网络）教育教材体系。

本系列教材的读者主要是在职人员，他们具有一定的社会实践经验和理论知识，个性化学习诉求突出，学习针对性强，学习目的明确。因此，本系列教材的编写突出了基础性、职业性、实践性及综合性。教材体系和内容结构具有新颖、实用、简明、易懂等特点，对重点、难点问题的阐述深入浅出、形象直观，对定理和概念的论述简明扼要。

为了编好本套系列规划教材，在学校领导、出版社和各学院的大力支持下，成立了由学校副校长、博士生导师杨丹教授任主任，冯卫东教授以及继续（网络）教育学院陈顺刚院长任副主任，其他部分学院领导参加的编审委员会。在编审委员会的组织下，经过广泛深入的调查研究，制定了我校继续（网络）教育教材建设规划，明确了建设目标。

在编审委员会的协调下，各学院组织了具有丰富继续（网络）教育教学经验并有教授或副教授职称的教师担任主编，由各书主编组织成立教材编写团队，确定教材编写大纲、实施计划及人员分工等，经编审委员会审核每门教材的编写大纲后再进行教材的编写。自2009年启动以来，经几年的打造，现已出版了近百种教材。该系列教材出版后，社会反响较好，获得了教育部网络教育教材建设评比金奖。

下一步根据教学需要，我们还将做两件事：一是结合转变教学与学习范式，按照理念先进、特色鲜明、立体化建设、模块新颖的要求，引进先进的教材编写模块来修订、完善已出版的教材；二是补充部分新教材。

希望经多方努力，力争将此系列教材打造成适应教学范式转变的高水平教材。在此，我们对各学院领导的大力支持、各位作者的辛勤劳动以及西南财经大学出版社的鼎力相助表示衷心的感谢！在今后教材的使用过程中，我们将听取各方面的意见，不断修订、完善教材，使之发挥更大的作用。

**西南财经大学继续（网络）教育学院**

2018 年 5 月

# 前 言

党的十九大报告指出："办好继续教育，加快建设学习型社会，大力提高国民素质。"2018年5月2日，习总书记在与北京大学师生座谈会上指出："大学是立德树人、培养人才的地方。"当前，我国高等教育办学规模和年毕业人数已居世界首位，但规模扩张并不意味着质量和效益的增长，走内涵式发展道路是我国高等教育发展的必由之一。"国势之强由于人，人材之成出于学。"培养社会主义建设者和接班人，是我们党的教育方针，是我国各级各类学校的共同使命。因此，走内涵式发展道路，确保和提升人才培养质量，这既是新时代赋予网络教育的新要求又是全社会的共同呼声。为了使学生对网络教育有一个全面的认识，轻松、有效地学习，取得较好的学习效果，顺利完成学业，2018年，我们根据当前党和国家的新要求以及教育部有关文件精神，结合教育教学实际，组织了西南财经大学继续（网络）教育学院相关专业人员编写了本书。

全书共分为六章：第一章网络教育概论，内容包括介绍什么是网络教育，网络教育国内外发展历史，网络教育质量保证，网络教育特点和教学模式、对学生要求等；第二章介绍了西南财经大学以及学校网络教育的基本情况；第三章为网络教育学习介绍，主要介绍学前准备，如何选课、约考、重修，如何进行课程学习，如何参加课程考核及毕业设计等内容；第四章为统考、毕业及学位，主要介绍统考的相关流程，毕业的相关事项以及学位外语考试相关规定及学位申请的条件和程序；第五章为学生事务办理，主要介绍免修、转专业、转学习中心、退学、休学、复学、个人信息变更及非学历转学历教育等内容；最后的政策附录部分收录了学籍管理、网络教育统考及免考的相关政策规定。

本书内容简明扼要，言简意赅，学生容易理解和接受，能够有效地帮助学生全面了解网络教育相关知识，提高学生学习兴趣及效率，取得更良好的学习效果。

在本书的编写过程中，得到了唐旭辉研究员的指导和大力支持，在此致以诚挚的谢意。

编者

2018年5月

# 目 录

# 1　网络教育概论

中国共产党十九大报告中指出："建设教育强国是中华民族伟大复兴的基础工程，必须把教育事业放在优先位置，深化教育改革，加快教育现代化，办好人民满意的教育。要全面贯彻党的教育方针，落实立德树人根本任务，发展素质教育，推进教育公平，培养德智体美全面发展的社会主义建设者和接班人。推动城乡义务教育一体化发展，高度重视农村义务教育，办好学前教育、特殊教育和网络教育，普及高中阶段教育，努力让每个孩子都能享有公平而有质量的教育。完善职业教育和培训体系，深化产教融合、校企合作。加快一流大学和一流学科建设，实现高等教育内涵式发展。健全学生资助制度，使绝大多数城乡新增劳动力接受高中阶段教育、更多接受高等教育。支持和规范社会力量兴办教育。加强师德师风建设，培养高素质教师队伍，倡导全社会尊师重教。办好继续教育，加快建设学习型社会，大力提高国民素质。"从这段话中不难看出，一是要办好网络教育，重点是在"办好"上，二是举办网络教育，让优质教育资源惠及更多国民，三是促进学习型社会建设，为提高国民素质服务。什么是网络教育？国内外网络教育的发展沿革如何？网络教育和继续教育的区别是什么？国家对网络教育的要求？网络教育的质量如何保证？本章将探讨上述问题。

## 1.1　什么是网络教育

网络教育在英文中更多表述为 E-learning，其中 learning 是学习的意思，E 是代表电子（electronic）、网络（network）、在线（online）几种意思。应当说网络教育是一种全新的教育方式。网络教育是以学习者为主体，以计算机技术、多媒体技术、通信技术和 Internet 网络等高新技术为主要教学手段和传播媒体，运用图像、文字、动画、音频和视频技术相结合的一种新型的交互式教育方式。从学习者的角度来讲，是相对于传统的通过固定课堂听取教师直接讲授、面对面交流、查看纸质教材学习的一种新型学习方式或手段。从网络教育的内容来看，既可以是学历教育，学生可以系统地学习某一个专业的课程，符合条件后取得毕业证书；也可以是非学历教育，学习某一个知识点、某一种新技能、某一方面新知识、某一个资格证书的培训等许多内容。从学习者来看，包括各个年龄层次，只要有学习能力和学习愿望，具有相应需要的学习资源和平台，都可以进行学习。从教育类别上来讲，网络教育不是一个独立的教育类别，而是一种教育形式，它可以涵盖学校前教育、学校教育、学校后教育等所有教育类别。上述这些是网络教育的广义概念。

自1998年以来，教育部相继批准了67所普通高等学校和中央广播电视大学开展现代远程教育试点工作，允许上述68所试点高校在校内开展网络教学工作的基础上，通过现代通信技术、多媒体技术、网络技术，面向在职人员，开展学历教育和非学历教育。对达到本、专科毕业要求的学生，由学校按照国家有关规定颁发高等教育学历证书，学历证书电子注册后，国家予以承认。网络教育现在多指现代远程教育，是伴随着现代信息技术的发展而产生的一种新型远程教育方式，是高等学历继续教育一种形式。这是狭义上的网络教育概念，本书介绍的内容主要是基于此狭义概念。

## 1.2 国内外网络教育的历史沿革和现状

现代远程教育（网络教育）的历史可追溯至远程教育的早期形式——函授教育，最早可以追溯到19世纪中叶，函授教育首先出现在近代产业革命和资本主义的故乡——英国。其工业化的发展促进了社会对教育的需求量快速增长，对传统教育的形式和规模提出了挑战，并成为函授教育产生的直接动力。

### 1.2.1 西方国家网络教育的历史沿革和现状

1. 英国

1840年，英国的伊萨克·皮特曼首先应用函授方式教授速记，随后的年代里，英国各类私立函授学校和学院纷纷设立各种职业技术培训课程。1858年，伦敦大学建设了一批课程，供校外人员学习，学员可以选读这些课程，并在当地参加考试。这是世界上首个大学层次的远程教育，它将大学的教学活动推广到校园外，直接面向公众，更好地满足了当时工业革命带来的大众学习要求。1969年，经英国皇家特许令批准，英国开放大学得以开办，于1971年正式成立。到现在，英国开放大学是英国和欧洲最大的大学，也是最具创新精神的大学，20世纪以来，英国开放大学的教学质量一直跻身英国所有大学的前十名。目前，英国开放大学已授予18万多人次学位，现有注册学生20多万人，是英国规模最大、办学效果明显的大学，其办学质量已经达到国际先进水平。英国开放大学已成为一所具有鲜明特色的成人高等教育机构。

2. 美国

函授教育最早可推至19世纪50年代至60年代，其教育载体主要还是通过印刷教材，20世纪30年代后，发展到使用收音机进行远程的授课，直到20世纪五六十年代，才出现利用电视台播出课程，学员通过收看电视节目进行远程学习。20世纪60年代以后，又出现了利用录像机观看录制好的课程内容，进行自主学习的形式。值得一提的是，远程教育的术语是在1892年由美国威斯康星大学首次正式提出的，所以，1892年也成为世界上比较公认的远程教育诞生年。现阶段，美国高等教育体系是世界上最为庞大的高等教育体系，其中远程教育又是其重要的组成部分。凭借着美国网络技术的雄厚基础，以及其信息化程度在全球领先地位的不断巩固与发展，美国已经成为能够成功地应用网络媒体进行现代化远程教育的典范之一。自2003年的第一份斯隆联盟网络教育年度报告发布以来，美国网络高等教育招生增长率一直高于整个高等教育领域平均的招生增长率。其配备了一流的现代远程教育设施和网络课件，并由专门的部门实施管理，与母体大学存在一定的附属关系。美国高校的网络课程几乎都是由现存的传统教育教学机构开设的，并且在资源、师资、管理、财务等方面依附于母体大学。专门实施远程教育的机构在美国则较为鲜见。网络学生的招生和管理一般是由专门的大学拓展部或者继续教育学院来负责，但是授课教师和辅导老师则一般由各相关的全日制院系负责该课程教学的教师来担任。市场目的性强是美国网络教育的突出特点之一。美国大学十分注重通过产学研相结合的方式来培养当前就业市场最紧缺、最急需的人才。许多远程培训项目都与相关企业、工商业界和研究机构签有合作培养协议，以利于其有的放矢地规划和开展教培工作。例如建立在硅谷附近的斯坦福大学和周边很多大公司都有合作项目。

3. 加拿大

1878 年加拿大的女王大学向校外生开放，1890 年则正式建立了一个校外教学系，这是加拿大远程高等教育系统的起点。进入 20 世纪后，职业技术函授教育及中小学层次的函授基础教育也先后发展起来。到 20 世纪中后叶，加拿大各级各类学校大都开始增设远程教育的办学形式。根据 1994 年的年度报告和加拿大远程教育协会统计，加拿大约有 90 所大学或学院开展了远程教育，在大学、学院注册的远程学生约 5 万人，估计全国共有 20 万人。在加拿大，不仅学校开展远程教育，其他的组织机构也使用远程教育手段进行各种培训。20 世纪末期，加拿大开展远程教育的有 80 个企业、17 个自愿组织和社会服务机构、11 个咨询公司、10 个工会、6 个专业协会和 18 个民间组织。

### 1.2.2 中国网络教育的历史沿革

远程教育在中国的发展经历了三代：第一代是函授教育，这一方式为我国培养了许多人才，但是函授教育具有较大的局限性；第二代是 20 世纪 80 年代兴起的广播电视教育，我国的这一远程教育方式和中央电视大学在世界上享有盛名；20 世纪 90 年代，随着信息和网络技术的发展，产生了以信息和网络技术为基础的第三代现代远程教育。

1994 年年底，在当时国家教委的主持下，“中国教育和科研计算机网（CERNET）示范工程”由清华大学等 10 所高校共同承建。这是国内第一个采用 TCP/IP 协议的公共计算机网。

1996 年清华大学王大中校长率先提出发展现代远程教育；1997 年，湖南大学首先与湖南电信合作，建成网上大学。清华大学则在 1998 年推出了网上研究生进修课程。

1998 年 9 月，教育部正式批准清华大学、北京邮电大学、浙江大学和湖南大学为国家现代远程教育第一批试点院校。

1999 年教育部制定了《关于发展现代远程教育的意见》，同年 9 月，“CERNET 高速主干网建设项目”立项，于 2000 年 12 月前完成了 CERNET 高速主干网的建设，以满足我国现代远程教育需求。

2000 年 7 月教育部颁布了《教育网站和网校暂行管理办法》，同时将现代远程教育试点院校范围扩大到 31 所，并颁布了《关于支持若干所高等学校建设网络教育学院开展现代远程教育试点工作的几点意见》。根据此文件，31所试点院校具有很大的自主权，如可以自己制定招生标准并决定招多少学生，可以开设专业目录之外的专业，有权发放国家承认的学历文凭等。

2000年7月31日，31所试点高校在北京成立了“高等学校现代远程教育协作组”，以加强试点高校间的交流与合作，促进教育资源的建设与共享。

2001年7月，教育部继续扩大现代远程教育的试点范围，从38所院校扩至45所，后陆续有68所大学进行了现代远程教育试点。经过近20年的发展，试点院校已建成大量优质、开放的教学资源，建立了一批适合在职人员学习、交流、探讨的教学平台和管理系统，形成了较为完善的制度和流程体系。特别是面向在职人员的高等学历继续教育和非学历继续教育得到了长足的发展，每年通过网络教育提升学历的在职人员已经远超成人函授教育，公众每年通过在线学习系统参加形式多样、内容丰富、精彩的在线课程学习，为终身教育体系的逐步建立起到了促进作用。

教育信息化必将促进教育现代化，网络教育作为教育信息化的产物也会伴随着教育技术和互联网技术的发展持续发展。国务院于2017年发布了《新一代人工智能发展规划》，明确提出要发展“智能教育”，利用人工智能技术推动人才培养模式、教学范式、教学方法改革，构建包含智能学习、交互式的开放的教育体系。今后，随着人工智能技术和大数据技术的快速发展，将会建立更加具有针对性的以学习者为中心的在线教育学习平台和资源服务系统，为学生提供更加符合自身需求的服务。网络教育将会在“办好继续教育，建设学型社会，提高国民素质”的要求下得到更进一步的发展。

## 1.3 我国网络教育的国家要求

中华人民共和国成立后，高等学历继续教育的发展先后经历了以下几个阶段：①中华人民共和国成立初期，为培养国家建设的各类急需人才，举办工农夜校、干部专修班；②改革开放后，函授、夜大、自考作为普通教育的补偿教育先后开办起来，为国家培养适应改革开放、经济建设的人才；③2000年左右，随着教育信息化的快速发展，为响应国家高等教育大众化和优质教育资源共享等要求，教育部陆续批准部分高校开展现代远程教育试点，网络教育迅速发展，高等学历继续教育的规模持续扩大。从高等学历继续教育的发展历程中，我们不难看出：继续教育是我国高等教育的重要组成部分，是服务社会和人民的一项事业。虽然各个时期举办继续教育的方式和阶段性目标不同，但都要求要正确处理好质量、规模、效益的关系，确保人才培养质量。继续教育始终肩负着为国家培养社会主义合格建设者和可靠接班人这一历史使命，这是所有举办高等学历继续教育的根本目标。

党的十六大报告提出：加强职业教育和培训，发展继续教育，构建终身教育体系。党的十七大报告提出：发展远程教育和继续教育，建设全民学习、终身学习的学习型社会。党的十八大报告提出：积极发展继续教育，完善终身教育体系，建设学习型社会。党的十九大报告指出：办好继续教育，加快建设学习型社会，大力提高国民素质。从报告中有关继续教育的要求来看，有着“从发展继续教育到办好继续教育”的转变，因此，新时代继续教育有新的历史任务，那就是办好继续教育，工作重点在内涵发展、提高质量上。教育部有关高等学历继续教育的文件主要有以下几个：在试点开展之初教育部出台了《关于支持若干所高等学校建设网络教育学院开展现代远程教育试点工作的几点意见》，明确提出了开展试点的目的，即“为落实《面向21世纪教育振兴行动计划》，推动现代远程教育工程的进展，积极发展高等教育。”其主要任务是开展高等学历和非学历教育、探索网络教学模式、建设网络教学资源、探索网络教育管理工作机制，明确要求：“试点学校和网络教育学院一定要把好教学质量关，积极稳妥地推动网络教学工作”。2002年，教育部出台的《关于加强高校网络教育学院管理提高教学质量的若干意见》要求：“质量是网络教育可持续发展的重要保证。各试点高校要根据实际情况，尽快建立本校的网络教育质量标准，并按照本校制定的质量标准，从严管理，保证网络教育学院的教学质量。”《国家中长期教育改革和发展规划纲要》（2010—2020年）中提出：“创新网络教学模式，开展高质量高水平远程学历教育。”2016年，《高等学历继续教育专业设置管理办法》要求，各地各高校要按照成人的学习特点和教学规律，做好专业与课程体系建设，完善人才培养方案，增强人才培养的针对性和适用性，不断提高人才培养质量。这一系列文件无不要求培养社会主义合格建设者和可靠接班人。在这一根本要求下，要探索规范可行的管理体制机制，要建立开放、适用、丰富的高质量资源，要充分利用现代技术实现教育信息化，实现教育现代化，努力构建终身教育体系，提高国民素质。

## 1.4 我国网络教育的质量保证

要实现开展网络教育的目标，最根本的环节就是要确保网络教育的培养质量。按照经济学的概念，质量是指提供的产品符合客观需要的程度。站在国家和社会的角度度量网络教育的质量，主要是看培养的毕业生是否符合国家要求和社会需要，以及受用人单位的欢迎程度。

### 1.4.1 影响网络教育质量的因素

网络教育的质量是一个模糊的概念，难以进行准确的度量和评估。那么从教育本身来讲，影响教育质量的因素是多方面的，我们认为主要包括以下五点：

第一，当前时期国家和社会需要的培养要求。也就是说，国家和社会要求培养什么样的人，要达到什么样的标准，一个合格专业人才应当学习什么样的专业内容，知识理论、实践技能达到什么样的程度。相应专业、层次的培养目标是否符合国家与社会的要求，是保证教育质量的重点和基础，即不同时期的质量标准与对应时期的经济、社会、教育、文化是相适应的，具有鲜明的时代特征，但国家和社会的要求始终是确定质量标准的基础。

第二，教育主体的能力和水平。高等学历继续教育的教育主体是主办学校，网络教育作为高等学历继续教育的一种教学方式，它的教学主体应当是开展网络教育的主办学校。主办学校中从事网络教育教学的教师，其教学水平、教学设计、教学方法，以及主办学校建设的教学资源内容、组织方式、资源的呈现方式等都密切关系到教学效果，是保证教育的关键因素。

第三，实施教与学过程的有效性和规范程度。网络教育的教学内容主要是通过现代教育技术和网络技术传达给学生，因此实施教学过程的渠道、平台、交互方式是否方便、快速、全面等，也关系到教学效果的好坏。同时，主办学校是否有完善的制度和科学的流程体系，并且是否在实施培养的过程中严格执行了相应的规章制度和流程体系，也都会对教学效果产生影响。如果招生乱宣传，乱承诺，考试不规范，助学环节不落实，毕业审核不严格等，那么，培养质量就是一句空话。

第四，教育客体的学习能力和学习态度。作为网络教育的对象——学生，其学习能力的高低和学习态度的好坏直接关系到培养质量。众所周知，任何一种教育形式，任何年龄阶段，学习主体的学习能力都是影响教学效果的重要因素，教师即使采取同样的教法、提供同样的资源也会因为学习能力差别而导致不同的效果。因此现代教育更重要的是增强学生的学习能力，教师不可能全部掌握知识和技能，也不可能在有限的时间全部教授给学生，同时知识和技能也有时代的局限性，这就要求学生要有较强的学习能力。所以，任何一种教育类别，一方面要教授学生相应的知识和技能，更重要的一方面是培养和增强学生的学习能力，学习能力的增强会让学生受用一生，这也才是评价一个教师教学水平高低的关键因素。“细节决定成败，态度决定一切”，对于学习来讲这句话同样适用。学习者要有正确的学习目的，要始终保持积极主动的学习态度。参加网络教育学习，是为了得过且过地得到一个毕业证书？还是通过网络教育的学习增强自身的理论知识，提高自身的学习能力？如果是前一种思想形态，就少了主动学习、积极学习的态度和动力，要有好的培养效果，难度很大。甚至在学习过程中会投机取巧，会要求教师尽量给予方便，以便自身目的达成，这种功利性的思想反过来会影响教师教学行为主动性和上进心，影响办学主体的教育质量提升。如果是为了学到更多有用的知识和技能，提高自身的能力，学生会选择主动学习，学习效果会更好，同时也会倒逼教师改进教学方法，增加教学内容和资源，转变教学范式，增强教学能力；也会迫使办学主体不断地探索教学流程，选择更加优秀的师资，建设更好的教学资源，开发更加优质的教学平台，形成更加良性的互动，达到所谓的教学相长的目的，从而使教学主体和客体均从中受益，教育质量也会达到一个较高的标准，实现教育的历史使命。

第五，评价标准和机制。质量，从概念本身来讲仅仅是“满足用户需要的程度”，从网络教育质量来讲，这里的用户应当有三个层面：第一个层面是要符合国家的要求和经济社会文化发展需要，无须讳言，我们培养的学生必须是社会主义的合格建设者和可靠接班人，是对国家和社会有用的人，而不是危害国家和社会的人。第二个层面是接受教育的个体的满意程度，即是学生本身对学校提供的教育服务和效果的客观感受，这个方面受学生自身的主观因素影响较大。但是教师的教学能力、教学水平、教学感染力，教学资源的先进性、呈现效果，教学内容的知识性、时代性，网络教育的主办单位和助学单位服务的及时性、方便性，以及服务质量的高低和服务态度的好坏等方面能够基于主观感受和客观事实进行评价。第三个层面就是学生所在单位对学生网络教育学习前后的工作能力、工作态度、知识水平的评价，也是直观反映教育质量的因素。因此，以上三个层面可以成为教育质量评价的有效科学主体。要进行有效、科学的评价还需要有科学的指标和评价标准。党和国家的要求、学生及用人单位三个评价主体，应当根据各自的要求和角度设定完善的具体指标和标准来进行评价教育主体的办学质量。评价标准和指标是否合理直接关系到对教育质量评价的公正、公平及科学。所以评价指标和标准的设定要充分考虑与时代发展相适应，要随着国家要求和社会经济、教育技术的发展进行不断完善，也要进行大范围的调研，经过充分的论证，不能只站在国家主管部门、办学主体或者是学生和用人单位任何一个单一角度来设定；否则评价就会流于形式，不被社会认可。

建立客观、公正、完善的评价机制是评价和保证质量的重要保障。建立评价机制首先要确立谁来评价、怎样评价及评价结果的处理和应用等方面的问题。关于谁来评价的问题，既要充分考虑到实施评价的主体是否有公信力，能被国家、学生、用人单位以及评价客体等几方面认可，也要考虑是否具有专业性和公正性问题，评价主体必须要熟悉和了解网络教育的要求和规定，精通教学规律，同时还要能站在学生和用户的角度公正客观地进行评价，这样的评价主体才会得到各方认可，才会有公信力。关于怎样评价的问题，是要解决评价方式方法、评价过程等问题，这是评价能否有效进行的保证，也是评价结果是否真实的关键，在此问题上要关注办学主体的指导思想与定位、培养方案与培养过程匹配、教师能力和水平、资源的质量、各环节的制度和规范执行情况，也要关注学生和用人单位的评价，收集社会影响和业内评价。在此过程中，要多渠道、多方式地进行评价，要看、查、谈、测多种方式并重，利用现场、网络、电话等多种手段充分收集信息，充分做到全面真实地进行评价。

### 1.4.2 网络教育质量保证体系的思考

建立怎样的质量保证体系才能保证和提升教育质量呢？从管理学的角度来说，质量保证体系是指通过一定的制度、规章、方法、程序和机构等把质量保证活动加以系统化、标准化、制度化。具体到网络教育来讲，在宏观层面上，教育主管部门应当有一个系统的网络教育质量保证体系，在微观层面上，每一个办学主体应当在宏观质量保证体系的标准下，结合培养目标和办学特色制定本单位的质量保证体系。前者重在总体质量的保证和控制，后者重在突出各自的办学特色，但后者须完全符合前者的要求和规定。根据前文所述，影响网络教育质量的因素主要有国家要求（国家的相关制度和规定）、教育主体的能力和水平、教与学过程的有效性、学生学习能力和学习态度、评价标准和机制五个方面，因此要保证和提高质量，宏观上应当重点在这几个方面进行考量。具体来讲，首先，要根据党和国家对继续教育的要求和目的，建立健全立法。其次，在此层面下，教育部要制定和完善规章制度，如继续教育质量标准、教学标准、服务标准等相应规章以确保国家要求具体落实；主办学校根据国家和教育部要求，按标准和社会需求实施人才培养过程；学生根据要求和自身需要参加学习，使人才培养质量目标得以实现，建立学校和学生之间有效的教学、服务渠道，保证网络教育教学的有效性，包括先进、科学、便捷的技术平台和实体的服务机构。最后要建立具有公信力的评价机构和结果处理机制。各主体之间的关系如图 1-1 所示。

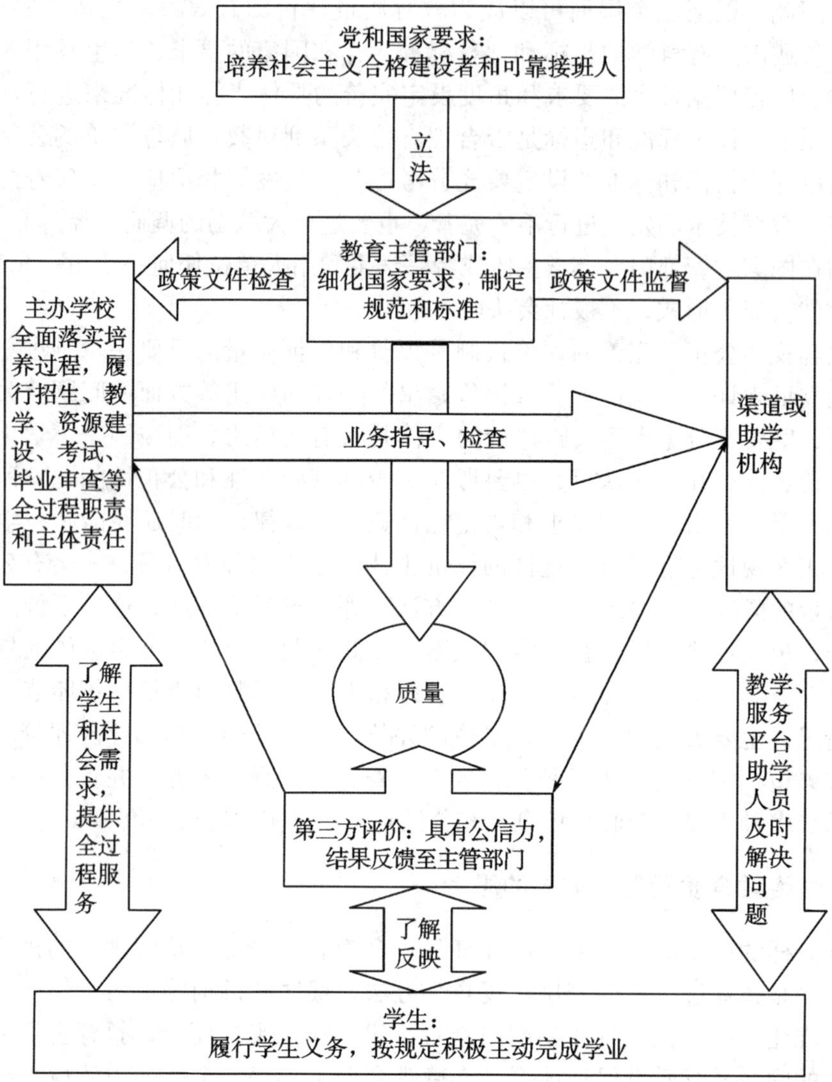


图 1-1　各主体之间的相互关系

从图 1-1 可以看出，宏观层面来讲，主办学校在培养质量的保证体系中占有重要地位，它根据国家要求和社会需要确定培养目标，制订培养方案，组织教师开展教学，建设教学资源，实施教学过程，进行合格考核，为学生开展服务，负责整个教学和培养过程，是保证教学质量的主体和保证教育质量的重要环节。所以，在微观层面，每个办学主体都应当建立自身的质量保证体系（见图 1-2），主要包括以下几个方面：根据国家和社会需求确定培养目标，依据教育主管部门政策制度建立完善的管理制度和流程，提供优质师资队伍开展教学和辅导，建设符合培养目标和方案的教学资源，对学生开展有效的线上及线下教学活动，严格执行相应政策以保证培养过程的规范性，建立科学的内部质量监督和反馈机制等。

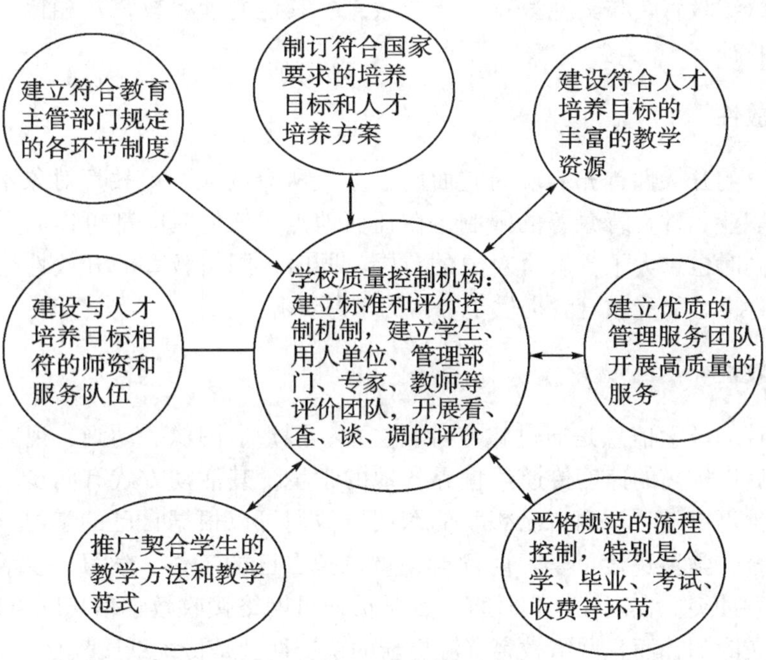


图 1-2　主办学校培养质量的保证体系

通过建立上述两个层面的质量保证体系，能在一定程度上保证网络教育质量。但毫无疑问，任何体系和制度不可能包罗万象，更不能解决所有问题，特别是对于培养人的教育事业来讲，更是牵涉多个主体、多个方面，任何一个主体和方面不认真履行职责都会造成质量问题。当前的高等学历继续教育整体质量受社会诟病，难以达到国家要求，究其原因是多方面的，除了主办学校办学指导思想出了偏差及办学定位不准造成了办学过程管理不到位、质量控制不严外，还有国家法律建设和制度标准建设没有跟上，办学渠道管理混乱，社会存在的功利性思想和浮躁的心态使个别学校、助学机构、部分学员存在不履行各自职责、投机取巧的现象，这些又反过来助长和倒逼了主办院校放松了质量控制，没有形成良性循环。

党的十九大报告明确提出："办好继续教育，加快建设学习型社会，大力提高国民素质。"这是党和国家对继续教育的基本要求，也是每一个从事继续教育工作人员的历史使命，同时作为继续教育对象的学生，同样也有着尽到认真学习和促进办好继续教育的责任。

## 1.5　网络教育特征

我国高校网络教育一方面发挥着"教育大众化、优质资源公开"的作用，另一方面也是建设终身教育体系和学习型社会的重要教育形式。我国高校网络教育主要面向在职人员开展网络高等学历教育和职业资格证书教育、岗位培训及其他非学历培训等各种形式的继续教育。与其他教育（传统教育、其他的远程教育）相比，网络教育有自己的显著特征。

### 1.5.1 开放性

网络教育的开放性首先表现为它面向社会上所有的人，受教育对象不受国籍、年龄、性别、职业、教育背景等的限制，在任何地点、任何时间都可以向受教育者提供学习机会，同时也扩大了受教育对象的范围。同时，网络教育的开放性还表现在学习资源的开放性上，为受教育者提供了丰富的学习资源。

### 1.5.2 时效性

网络教育的教学信息是通过将声音、文本、图形、图像、动画、视频等信息进行数字化处理后以极高的速度传递给世界各地的学生，其活动方式有同步教学和异步教学两种。学生可以随时学到自己想学的东西，他们可以根据自己的学习兴趣、爱好来安排学习内容、学习进度、学习时间等，可以把自己的工作、学习、生活进行合理安排，避免矛盾冲突。在现代远程教育中，学员通过网络接收教学信息既可以是实时的，也可以是非实时的，而且网络教育资源更新的快捷性，是传统纸质教材所无法比拟的。

### 1.5.3 可控性

由于网络教育使教师和学生在空间上分离，表面上看来，好像网络教育是不受控制的，实际上它也有可控性。在教学管理上，学生的注册、课程安排、教学计划安排、教学评价、学分统计、学位授予等都受到管理和控制。教师本人对教学是有控制的，由于网络教育的交互性，使教师和学生随时都可以交流，便于教师掌握学生的学习情况，从而对学生的学习情况和问题可及时地予以反馈。同时，学生由于有较大的自主性，他们可以自由地支配自己的时间来安排学习进度，这样就锻炼了他们的自学能力和自制力。

### 1.5.4 资源的共享性

网络教育的交互性、时效性、开放性，使得不同国家或地区的教师、学生以及其他人员能够实现异步或同步的交流，相互之间可以从对方那里获得自己没有的而又想得到的知识和技能。也就是说，网络教育能够使全球的资源实现共享。高校网络教育可以把最优秀的教师集中在网上授课，把大学特定课程的最好老师的授课实况进行转播，有利于提高教学质量，从而真正实现教育资源共享。对于学生来说，一方面，计算机网络的共享性能使他们正确地理解和整合教学信息和资源，另一方面，他们又能充分地享有教学信息。

### 1.5.5 交互性

交互性是现代远程教育的关键特征所在。网络是一个动态的和系统的（自我组织）

交流媒介。迈克尔·穆尔（Moore，1989）认为交互性是一个很重要的概念。他解释了现代远程教育的三种交互类型：学生—教师、学生—学生、学生—学习内容。学生—教师的交互是教师和学生在课程中的交流。在网络教育中，交互通常是在借助计算机媒体交流时发生，不仅仅局限于教学过程中，而且发生在指导、非在线交流（如E-mail交流）以及人与人之间的对话中。学生—学生的交流是指学习中两个学生或更多的学生之间的交流。这种交流通常是借助异步形式的计算机媒体交流，还包括其他形式的人际交流如小组交流、在线和非在线交流。学生—学习内容的交流是学生考试、思考的过程，并且是在教学过程中课程信息呈现的过程。正如穆尔（Moore）和柯瑟林（Kearsley）所说，每个学生必须亲自通过把信息组织到预先存在的认知结构中去，来构造知识。学生和学习内容的交互导致的结果是学生理解能力发生了变化。另外，安德逊（Anderson）和盖瑞逊（Garrison）（1998）每出，学习内容—学习内容的交互是最原始的交互类型，当前先进的网络技术加剧了学习内容之间的交互。

### 1.5.6 管理的规范性

网络教育在招生、注册、学籍管理、教学管理等方面都是通过网上进行，减少了人为的失误，降低了教学管理中的一些不必要的环节，节约了成本，提高了工作效率。学生可以通过上网选修课程，真正实现了教学管理的电子化。

## 1.6 网络教育模式

现代远程教育在教学时间、空间、教学资源上突破了传统教育的束缚，网络学习成了信息加工、解释和综合的过程，学习者能够使用各种不同的策略来存储和提取信息，能够使学习环境适应自己的需求和目标。基于网络学习方法的不断发展，针对远程教育学习者的不同学习特征，逐渐形成了以下几种网络化的学习模式：

### 1.6.1 讲授型

讲授型模式突破了传统课堂中时间和地点的限制。通过Internet的Web技术实现讲授，学习者不必集中于同一地点就可接受学习内容，这种学习模式分为同步式和异步式两种。

（1）同步式。

通过网络课堂的在线交流方式，不在同一地点上课的学习者，可以在同一时间聆听教师讲授。通过Internet可营造身临其境的现场，在教师的讲授过程中，可通过课堂提问等方式与教师获得面对面的交流机会，也可通过信息反馈程序，向教师提出问题，教师再根据学习者的反馈信息做进一步的讲解。

（2）异步式。

Web技术和E-mail服务可基本满足要求。这种模式由教师将教学要求、教学内容以及教学课件等材料，通过资源管理平台等软件上传到学习系统上即可，学习者通过浏览相应网页学习，运用流媒体播放软件来再现教师课堂讲授。学习者的疑难问题可以用 E-mail 方式与教师交流，也可以通过论坛与教师、其他学习者讨论交流。这种讲授模式突破了时间和空间的限制，每个学习者可以根据自己的实际情况确定学习时间、内容和进度。

### 1.6.2 个别辅导

该模式通过基于互联网的 CAI 软件和教师与学习者之间的信息联络通道来实现。在教师与学习者之间通过 E-mail，可非实时地实现个别辅导，也可通过 Internet 的在线交流方式实时实现。前者优点是可随时向教师请教，但不能马上得到辅导；后者可以得到教师的即时讲解，就像面对面一样，但它要求学习者与教师同时在线。

### 1.6.3 讨论学习

在 Internet 上实现讨论学习的方式有很多，最简单实用的就是利用论坛。这种系统具有用户管理、讨论管理、用户留言、电子信件等多种功能，因而很容易实现讨论学习模式。学习者可以在学习的特定主题区发言并能针对别人的意见进行评论，每个人的发言或评论都能够即时地被所有参与讨论的学习者看到。这种学习过程需要在专职教师的监控下进行，以保证学习者的讨论和发言符合教学目标的要求，防止讨论偏离学习主题。

### 1.6.4 协作学习

该模式利用计算机网络以及多媒体等相关技术，由多个学习者针对同一学习内容彼此交流与合作，以达到对教学内容的深刻理解与掌握。这种模式具有以下特点：

（1）自发性。学习者之间结成伙伴，完全出于个人自愿，可随意退出或更换合作伙伴。

（2）合作性。学习者一旦结成学习伙伴，便按合作意愿为共同的学习主题制订合作计划，开展讨论，互相启发，共享合作成果。

（3）多样性。协作形式多种多样，协作内容可多可少，协作时间可长可短。

（4）高效性。学习伙伴在协商、讨论中能获得最有效的学习指导与帮助，能取长补短，产生群体结构功能。

### 1.6.5 探索学习

学习者在解决实际问题中的学习比单纯接受教师的教授更有效，思维的训练更加深刻，独立解决问题的能力更具创造性。这种学习模式需经过如下五个基本阶段：

（1）问题分析阶段。

辅导教师在不进行任何教学的情况下，向学习者提出要解决的问题。学习者在其原有知识的基础上，提出解决问题的一些初步的想法，然后确定他们要解决问题所要进行学习的内容，并形成一个解决问题的行动计划。

（2）信息收集阶段。

学习者收集与解决问题相关的信息，逐步构建起关于该领域知识的结构并形成自主思维的能力与习惯，这是充分体现学习者自主学习的阶段。

（3）综合阶段。

经过信息收集的自主学习阶段之后，学习者重新回到学习小组中，利用他们所学到的新知识重新对问题做出评估，应用所学到的新知识，解决现实中的学习问题，使新知识得到巩固与应用，从而牢固地建构起自己的知识体系。

（4）抽象提炼阶段。

问题得到完美的解决之后，为了提炼和升华，学习者需要讨论其他相关的问题，对解决问题的方法进行归纳与总结。

（5）反思阶段。

在问题得到解决后，学习者需要反思问题的解决过程，进行相互的对等评价或自我评价，辅导教师适当做一些关键点上的点评，帮助学习者进行归纳与总结。学习者相互之间的讨论以及对新学到知识的反思，有助于发展学习者的元认知技能，提高独立解决问题的能力和技巧。

探索学习模式实现的技术既简单，又能有效地促进学习者的积极性、主动性和创造性，能够克服传统教学过程中的最大弊病，有广阔的应用前景，实施这种教学模式要防止学习者产生过强的挫折感，为此要有比较敏感的反馈系统，以便及时给予学习者适当的帮助。

### 1.6.6 混合型学习

网络教育不等同于网上教育，也不等同于在线教育，更不等于远程教育。网络教育可以理解为以网络为基础的网络化教育，它也需要教师与学生、教师与辅导员、学生与学生之间开展线下活动，有利于两种形式相互补充，加强校园文化建设，强化学生的学习效果。

这几种模式不是单一存在的，在网络教育的教学实践中几种模式都有各自的作用，应当根据学生的特点综合运用。

## 1.7 网络教育对学生的学习要求

教与学是保证和提高质量的两个重要环节，缺一不可。参与网络教育的学生要取得好的学习效果，需要具备一些基本技能和达到一些要求。

（1）掌握网络学习的基本技能。参与网络教育的学生要能使用计算机和运用互联网计算技术。

（2）要有正确的学习目标。参与网络教育的学生要树立成为社会主义合格建设者和可靠接班人的理想，也要不断激发潜在的学习动力，不要存在混文凭的思想。

（3）控制自己的学习情感。在网络学习中易产生孤独感，学习者应在这个开放的平台中主动参与讨论，交流知识和经验等。

（4）要不断提高自主学习的能力。自主学习是人类最基本的能力。在一个快速变化、知识不断更新的社会里，随着人工智能的发展，学生如果缺乏自主学习能力，将难以适应人工智能时代带来的挑战。

（5）要自觉遵守规章制度。参与网络教育的学生要摆正自身位置和心态，按要求和教学安排进行学习，尊重教学规律和教师的劳动成果，积极参加线上线下的活动，才能取得好的学习效果。

# 2 学校及学院简介

## 2.1 西南财经大学简介

西南财经大学是教育部直属的国家“211 工程”和“985 工程”优势学科创新平台建设的全国重点大学。

学校地处国家历史文化名城、南方丝绸之路的起点、素有“天府之国”美誉的成都，有光华、柳林两校区，总占地 2 300 余亩（约 153 万平方米）。光华铁树穿越年轮时光感受历史缅怀先贤，巍巍钟楼傲然屹立感受青春与未来对话，这里古今融通、传统与现代交相辉映，实乃读书治学的理想园地。

学校始于 1925 年在上海创立的光华大学。1938 年，因抗战西迁建立光华大学成都分部；1952—1953 年汇聚西南地区 17 所院校的财经系科组建四川财经学院，这是中华人民共和国成立初期国家按大区布局的四所本科财经院校之一，也是西南地区唯一的综合性高等财经学府；1960 年以后历经分设、合并、更名等，于 1978 年恢复为四川财经学院；1979 年由四川省划归中国人民银行主管，逐渐形成了学校独特的金融行业背景和出色的金融学科优势；1985 年更名为西南财经大学，1997 年成为国家“211 工程”重点建设高校，2000 年以独立建制划转教育部管理，2011 年成为国家“985 工程”优势学科创新平台建设高校，2017 年被列入全国首批一流学科建设高校。90 余年的办学历史形成了自己独特的办学特色、文化传统、精神内涵和社会声誉。

黄浦浣花风雨长，光华柳林谱华章。学校始终与国家民族共命运，格致诚正，兴学报国；始终与时代发展同进步，经世济民，励精图强，在国家经济腾飞中写下了隽永篇章。

学校坚持社会主义办学方向，全面贯彻党和国家的教育方针，坚持立德树人根本任务，肩负人才培养、科学研究、社会服务、文化传承创新、国际交流合作的重要使命；扎根中国大地办大学，坚持走以质量提升为核心的内涵式发展道路，坚持依法治校、教授治学、民主管理、社会参与，努力建设特色鲜明高水平研究型财经大学。

学校致力于培养德、智、体、美全面发展，具有社会责任感、创新精神、国际视野的财经领域的卓越人才。现有全日制在校学生 22 600 余人，其中普通全日制本科生 15 800 余人，硕士研究生 5 800 人，博士研究生 900 余人，长期留学生 700 余人。建校以来，学校共培养了 16 万余名各类高级专门人才，为国家经济建设和社会进步做出了重要贡献，被誉为“中国金融人才库”。

学校拥有教育部人文社会科学重点研究基地“中国金融研究中心”、国家经济学基础人才培养基地、国家级教育示范中心“经济管理实验教学中心”“现代金融创新实验教学中心”“教师教学发展示范中心”以及四川省重点实验室“金融智能与金融工程实验室”等一批师资力量雄厚的教学与科研机构；学校主办的《经济学家》《财经科学》分别入选“教育部名刊工程”“全国高校百强社科期刊”；创办了国内首本金融英文学术期刊《Financial Innovation》；图书馆馆藏文献200余万册，是目前西南地区最大的财经文献中心，设有西南地区唯一的货币金融博物馆。

学校着力构建特色鲜明、优势突出、结构合理、充满活力的学科生态体系，形成了以经济学管理学为主体、金融学为重点、多学科协调发展的办学特色。学校设有26个学院（中心、部）等教学单位，33个本科专业，108个硕士学位培养专业（含18个硕士专业学位），57个博士学位培养专业；有理论经济学、应用经济学、工商管理、法学、管理科学与工程5个博士学位授权一级学科，11个硕士学位授权一级学科；拥有金融学、政治经济学、会计学和统计学4个国家重点学科，5个省级重点一级学科；有理论经济学、应用经济学、工商管理和管理科学与工程4个博士后流动站。

学校坚持人才为本、学术为魂，在波澜壮阔的办学历程中，人文荟萃，名师云集。胡适、钱钟书、徐志摩、叶圣陶等大师在此传道讲学；谢霖、陈豹隐、汤象龙、许廷星、刘诗白等著名经济学家于此授业解惑。现有专任教师1 380余人，其中，教授290余人、副教授530余人，博士生导师280余人，全职海归博士260余人，特聘海外院长7人。享受国务院政府特殊津贴专家16人，“万人计划”3人、“千人计划”7人、“杰青”“优青”4人、“长江学者”18人。

学校坚持主动服务国家战略，加强协同创新，服务社会能力不断增强。积极开展国家、行业、区域经济社会发展中重大理论和实践问题的研究，获批建设全国中国特色社会主义政治经济学研究中心；依托学校人才优势和学科优势，主动响应国家精准扶贫战略，积极开展对口帮扶工作，勇担大学社会责任；加强中国金融安全协同创新中心、中国家庭金融调查中心以及西财智库等科研机构建设，拓宽智库成果报送渠道，充分发挥“智囊团”和“思想库”的作用，为党和政府科学决策提供高质量的智力支持。

学校坚持国际化办学理念，着力提升国际交流与合作的层次与水平，国际影响力显著提升。设立中外合作办学项目和办学机构、招收培养留学生、举办国际学术会议、开展国际教育文化交流，目前已与近50个国家和地区的近百所知名大学、金融机构及知名企业建立了广泛的合作关系；建有2所孔子学院；品牌项目Discover SWUFE暑期学校影响力不断增强；光华讲坛影响力提升，众多诺贝尔奖获得者等知名学者先后作客我校与师生展开高层次、前沿性对话与研讨。

一所大学的发展，悠远而漫长。90余年的历史长卷，展现的是厚重的文化，思想的光芒；是英才辈出，群贤荟萃；是艰难求索，成就斐然。鉴往知来，登高临远，全体西财人信心满满，永葆大学理想，秉持“经世济民，孜孜以求”的大学精神，必将以更高站位、更大格局、更强定力、更优作风，携手共进，砥砺前行，抓住“双一流”建设这个重大历史机遇，围绕实现学校“十三五”规划任务，着力在特色化、高水平、研究型上下功夫，加快建成特色鲜明高水平研究型财经大学，为实现中华民族伟大复兴的中国梦做出新的更大贡献。

光华校区地址：四川省成都市青羊区光华村街55号
邮编：610074
柳林校区地址：四川省成都市温江区柳台大道555号
邮编：611130
网址：http://www.swufe.edu.cn.

## 2.2 学校师资队伍概况

西南财经大学建校近百年以来，艰苦创业，英才辈出，涌现出了一批著名的财经教育专家和教授，我国著名经济学家陈豹隐、李孝同、彭迪先、梅远谋、刘洪康、杨佑之、汤象龙等曾在校任教。教师中有刘诗白、曾康霖、何泽荣、赵国良、袁文平、蒋明新等全国著名的经济学和管理学导师，学校还聘请了400余位国内外经济学家、银行家、企业家为兼职教授和客座教授。

学校一直十分重视师资队伍的引进和培养，近几年来加大海内外高层次人才的引进力度，引进了包括美国芝加哥大学、宾夕法尼亚大学沃顿商学院、加州大学伯克利分校、斯坦福大学、康奈尔大学、俄亥俄州立大学、英国剑桥大学等世界著名大学以及清华大学、复旦大学等国内知名高校博士等280多名海内外优秀人才任全职教师，100余名海外学者任讲座教授、课程教授，聘任1名“长江学者”特聘教授和4名“长江学者”讲座教授，引进国家“千人计划”入选者3人、四川省“百人计划”入选者6人，特聘7名海外知名学者为7个专业学院特聘院长。学校特别重视青年教师综合素质的培养，大力加强人才资源的开发，每年拨出专项经费用于选派优秀中青年教师赴欧美以及国内著名高等院校和研究机构进修，并通过科学合理的人力资源优化配置和开发，不断促进青年教师队伍成长成才。20世纪90年代中期以来，学校在“211工程”建设中，实施了“跨世纪人才工程”，加大了对中青年教师的培养力度，入选“跨世纪人才工程”的大部分教师现已成为各学科学术带头人和教学科研骨干。近年来，学校实施“人才强校战略”，加快引进和培养学术领军人物，启动了以重点培养10名左右国内中青年学术拔尖人才、50名左右中青年学科带头人、100名左右中青年教学骨干为目标的“151工程”，现已遴选20名“首批学科带头人培养人选”和39名“首批教学科研骨干培养人选”；实施青年教师成长项目，共遴选、资助了230余名青年拔尖人才，以促进青年教师尽快成长，为学校和学科长远发展培养后备优秀人才。

经过多年的努力，我校已经形成一支结构基本合理、层次分明的较高素质的学术梯队，发展态势良好。学校现有专任教师1 355人，其中，有正高级职称教师268人、副高级职称教师425人，博士生导师98人。教师中现有国家“千人计划”入选者3人，教育部“长江学者”特聘教授1人、讲座教授4人，四川省“百人计划”入选者6人，国家“教学名师”奖获得者2人，四川省“教学名师”16人，“全国模范教师”1人，“全国优秀教师”3人，享受国务院政府特殊津贴专家36人，有1人获“全国百名杰出留学回国人员”奖励，教育部霍英东优秀青年教师奖及资助计划获得者12人，1人获“四川省首届创新人才奖”，31人获“四川省有突出贡献的优秀专家”称号；有4人入选国家人力资源和社会保障部“百千万人才工程”，20人入选教育部“新世纪优秀人才支持计划”，74人当选四川省“学术和技术带头人及后备人选”；3人获德国“洪堡基金”项目资助；有10位教师担任四川省第五届科技顾问团顾问等，他们在国家和地方的社会经济发展中发挥着重要的作用。

## 2.3 继续（网络）教育学院简介

西南财经大学继续（网络）教育学院是学校负责统筹、协调、组织和管理成人教育、网络教育、自学考试、干部培训和职业资格证书培训等成人高等教育及非学历教育的管理与办学机构，是学校服务社会的重要窗口，是学校“经世济民 孜孜以求”大学精神传承的重要力量。

九秩西财，弥久历新。西南财经大学继续教育根植沃土、胼手胝足，筚路蓝缕、弦歌不辍，承载着悠久的历史和光荣的传统。中华人民共和国成立初始，百废待兴，职业教育，应时而生，学校由业余教育处负责举办工农夜校、干部进修班等培养和培训急需的经济管理人才。1964年成立函授部，1978年开办各类业务培训和干部专修科。1982年，被确定为四川省经济类专业高等教育自学考试主考学校，1986年成立自学考试办公室。1986年成立成人教育处，1997年，在原成人教育处的基础上组建成人教育学院。2002年，被教育部批准开展现代远程教育试点，成立网络教育学院，承担成人高等学历教育现代远程教育试点工作，2008年成立西南财经大学培训中心，2013年成人教育学院和网络教育学院更名为继续（网络）教育学院。

格致诚正，经世济民。西南财经大学继续教育立足西部、面向全国，筑梦财经，砥砺耕耘，致力于打造西部财经从业人员终身教育基地，形成了函授、业余（含半脱产、夜大）、自考助学、现代远程教育等学历教育和各类证书培训、干部培训、企业培训、高端研修等非学历教育多种办学形式协调并存、良性互动，金融、会计、保险、统计、财税、工商管理、经济学、经济法学、经济信息管理等财经专业齐全的多层次办学格局（目前学校开展的现代远程学历教育专业见表2-1）。

**表2-1　　西南财经大学现代远程教育开设专业一览表**

| 序号 | 高中起点专科 | 专科升本科 | 高中起点本科 |
|---|---|---|---|
| 1 | 金融管理 | 金融学 | 金融学 |
| 2 | 会计 | 财政学 | 会计学 |
| 3 | 保险 | 会计学 | 工商管理 |
| 4 | — | 财务管理 | 财务管理 |

表2-1(续)

| 序号 | 高中起点专科 | 专科升本科 | 高中起点本科 |
|---|---|---|---|
| 5 | — | 保险学 | 保险学 |
| 6 | — | 工商管理 | 人力资源管理 |
| 7 | — | 市场营销 | 市场营销 |
| 8 | — | 经济学 | 法学 |
| 9 | — | 行政管理 | — |
| 10 | — | 人力资源管理 | — |
| 11 | — | 法学 | — |
| 12 | — | 投资学 | — |
| 13 | — | 国际商务 | — |

学院先后在全国30个省市招生和办学，共有函授站、教学点23个，校外学习中心61个；高等学历继续教育在校学生7万余人，其中网络教育5万余人。1986年至今，学校已为国家培养了11万余名成人高等学历教育本、专科毕业生，8万余名自学考试本、专科毕业生，为金融系统及其他财经行业开展各类培训班上百期，参训人员达10万人次。继续教育学生主要分布在全国金融、保险、证券、工商企业和政府经济管理部门等，他们通过在职学历提升、理论知识培训、业务技能培训，提高了个人的理论知识和业务水平，为国家和地区经济建设与发展做出了积极贡献。

从社会各界的反馈来看，学校成人教育管理规范、办学严谨、专业强势、师资雄厚、信誉优良，充分展现了教育部直属重点学校的办学风范。

西南财经大学继续教育理清思路、明确方向，锐意进取、协同创新。质量，是继续教育发展的生命线，学院依托学校雄厚的师资力量，凝聚起一支高质量的主讲教师团队，形成了一系列高品质的规划教材，打造出一批国家级及省部级精品课程。

学院十分注重将现代教育技术特别是网络通信技术广泛应用于网络教育的课程建设、教学教务管理、学习支持服务等方面，先后投入上千万元，建设了“西财在线”专用教育网站（http://www.swufe-online.com），并不断运用技术创新和管理创新持续建设和完善，以此为平台，努力提高远程教学能力和教学支持服务水平。

### 2.3.1 西财在线

“西财在线”系列平台由我院技术支持服务中心自主研发，下设“西财在线”门户网站、学业中心、学习平台、质量监控系统、考试系统及综合管理系统等子系统。

“西财在线”门户网站主要提供学院官方简介、新闻、资讯、规章制度、文档下载、咨询服务、招生简章、在线报名等模块。学业中心主要面向学生提供学籍查询、成绩查询、教学计划查询、选课、约考等功能；学习平台主要面向学生提供课件点播、在线作业、课程讨论、电子书阅读等功能，为学员提供了完备的导学、助学、促学服务系统，保障了学员的远程学习、互动及学习支持服务；质量监控系统主要面向我院管理人员，实现我院对网络教育、教学、服务及管理各环节的监控与预警。

综合管理系统主要面向我院管理人员及各合作单位（学习中心、函授站点）管理人员提供招生管理、学籍管理、教学管理、教务管理、学习支持服务管理、毕业学位管理等业务管理功能。多项子系统为学校和站点管理人员建立了多级账户管理平台，实现了从招生到毕业整个流程的标准化远程管理。

网络教学服务平台设立了网络教学辅导答疑室，运用网络课程主页、远程视频授课、网上作业、在线讨论、网上毕业论文指导与答辩等多种远程互动教学手段，为教师和学生搭建了一个教学互动平台，实现了有效的导学、助学和促学效果，同时通过基于手机短信息、咨询平台、热线电话、服务 QQ 等技术手段的多信道呼叫中心，为学生提供全方位的学习支持服务。

### 2.3.2 网络教学资源

学院高度重视教学资源的建设和开发，先后建设了录播室、演播室，成立了以教学管理部门与技术部门为主系的资源建设小组，把网上教学资源建设作为学院工作的重中之重。“西财在线”网站建有以网上作业库、答疑精华库、讨论案例库、章节热点库和网上课堂为构件的网上教学资源库，已经建成金融、会计、工商等专业为主的现行网络教育培养方案全部课程的网络课件资源，制作出丰富的多媒体课件。学院制作的网络课件因其专业性、系统性特点，以及体现出的财经专业特色和师资水平而获得了较高的评价。2009 年 11 月，在教育部全国高校现代远程教育协作组举办的远程教育试点十周年大会上，我院编写的继续（网络）教育系列规划教材获教材建设金奖，我院自行开发的网络教育课件“概率论与数理统计”被教育部教育管理信息中心评为二等奖，“会计学原理”被评为国家精品课程。2015 年，我院建设的“财务管理”“财务会计”获评国家级精品课程，“中国社会生活文化”“中国经济概论”课件荣获教育部教育管理信息中心主办的“第十五届全国多媒体课件比赛”三等奖，“工程项目管理”“中国经济概论”等荣获微课组优秀奖。这些都标志着我院网络教育资源建设水平上了一个新台阶。

经过近几年的发展，学院网络教学支持服务体系日趋完善并逐步向函授教育学生开放，在课程学习、学籍管理、考试管理、成绩管理、毕业论文指导与答辩、学位申请等多方面实现了网络教育和函授教育的完全统一。先进的网络教学服务平台，丰富的教学资源，极大地满足了各类在职人员的业余学习需求。

# 3 网络教育学习介绍

图 3-1 和表 3-1 分别为网络教育学习全过程的介绍和网上学习时间表。

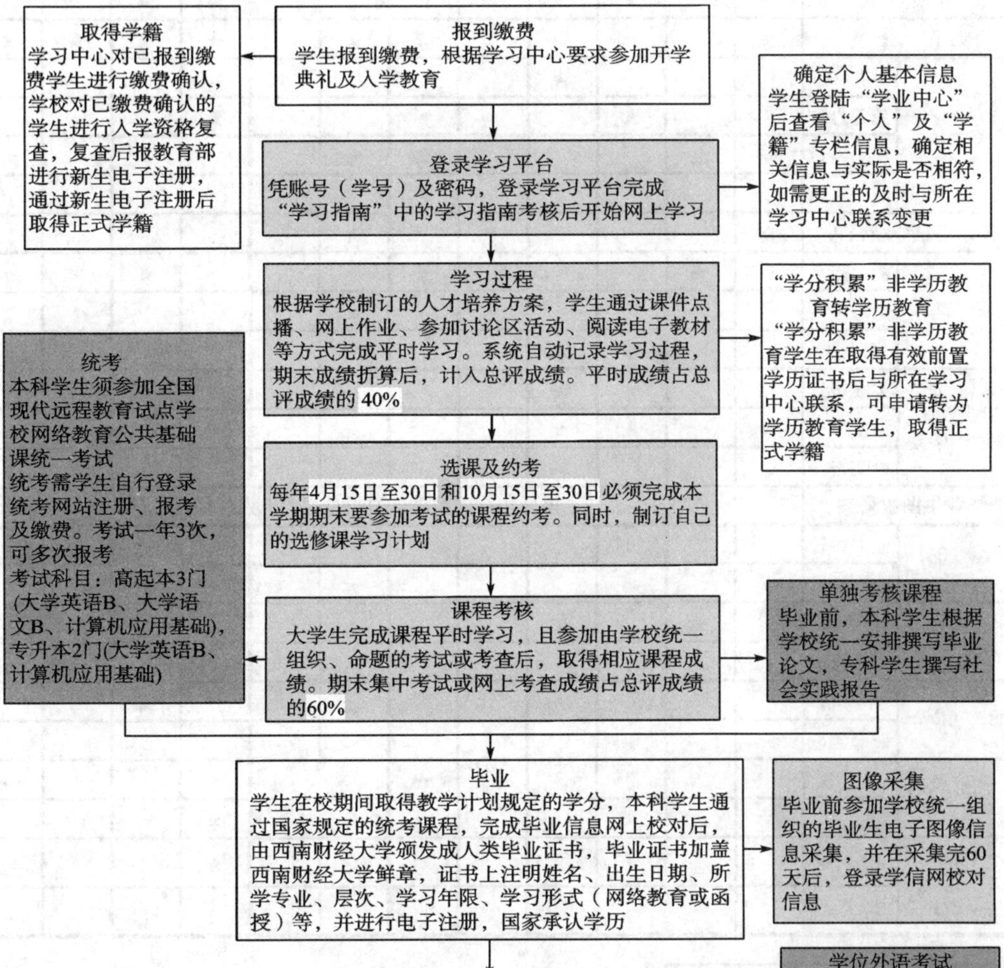


图 3-1　学习全过程

表 3-1　　网上学习时间表

| 事项 | | 1月 | 2月 | 3月开学 | 4月 | 5月 | 6月 | 7月 | 8月 | 9月开学 | 10月 | 11月 | 12月 |
|---|---|---|---|---|---|---|---|---|---|---|---|---|---|
| 新生缴费 | | | | ★ | | | | | | ★ | | | |
| 老生缴费 | | ★ | ★ | ★ | | | ★ | ★ | ★ | ★ | | | ★ |
| 学生证领取 | | | | | | | ★ | | | | | | ★ |
| 选课 | | ★ | | ★ | ★ | ★ | ★ | ★ | | ★ | ★ | ★ | ★ |
| 在线学习 | | ★ | | ★ | ★ | ★ | ★ | ★ | | ★ | ★ | ★ | ★ |
| 作业 | | ★ | | ★ | ★ | ★ | ★ | ★ | | ★ | ★ | ★ | ★ |
| 考试 | 约考 | | | | ★ | | | | | | ★ | | |
| | 免考办理 | | | ★ | | | | | | ★ | | | |
| | 现场考试 | ★ | | | | | ★ | ★ | | | | | ★ |
| | 网上考试 | | | | | | ★ | | | | | | ★ |
| 期末考试成绩公布 | | ★ | | | | | | ★ | | | | | |
| 统考 | 网上报名 | | ★ | | | | ★ | | | | ★ | | |
| | 免考申请 | | | ★ | | | | ★ | | | | ★ | |
| | 考试 | | | | ★ | | | | | ★ | | | ★ |
| 毕业设计最后一学期 | 实践报告 | | | ★ | ★ | ★ | | | | ★ | ★ | ★ | |
| | 论文撰写 | ★ | ★ | ★ | ★ | | | ★ | ★ | ★ | ★ | | |
| | 论文答辩 | | | | | ★ | | | | | | ★ | |
| 毕业生图像采集 | | 学习中心与当地新华社联系确认拍照时间、地点，通知各位同学 | | | | | | | | | | | |
| 毕业 | 证书办理 | | | | | | ★ | | | | | | ★ |
| | 证书领取 | ★ | | | | | | ★ | | | | | |
| 四川省学位外语考试 | 报名 | | ★ | | | | | | | | | | |
| | 考试 | | | | ★ | | | | | | | | |
| 学位 | 申请 | | | | ★ | | | | | | ★ | | |
| | 证书领取 | ★ | | | | | | ★ | | | | | |
| 全国计算机等级考试 | 报名 | | | | | | ★ | | | | | | ★ |
| | 考试 | | | ★ | | | | | | ★ | | | |
| 全国大学外语等级考试 | 报名 | | | ★ | | | | | | ★ | | | |
| | 考试 | | | | | | ★ | | | | | | ★ |

| | |
|---|---|
| （深灰色） | 上半年学期 |
| （浅灰色） | 下半年学期 |

# 3.1　学前准备

## 3.1.1　用户登录

学业中心：是进行课程学习、选课、成绩查询，与老师、同学交流的地方。

个人账号：是上网学习的通行证，报到缴费后在学习中心班主任处领取。

图 3-2 为学生登录学业中心的流程图。

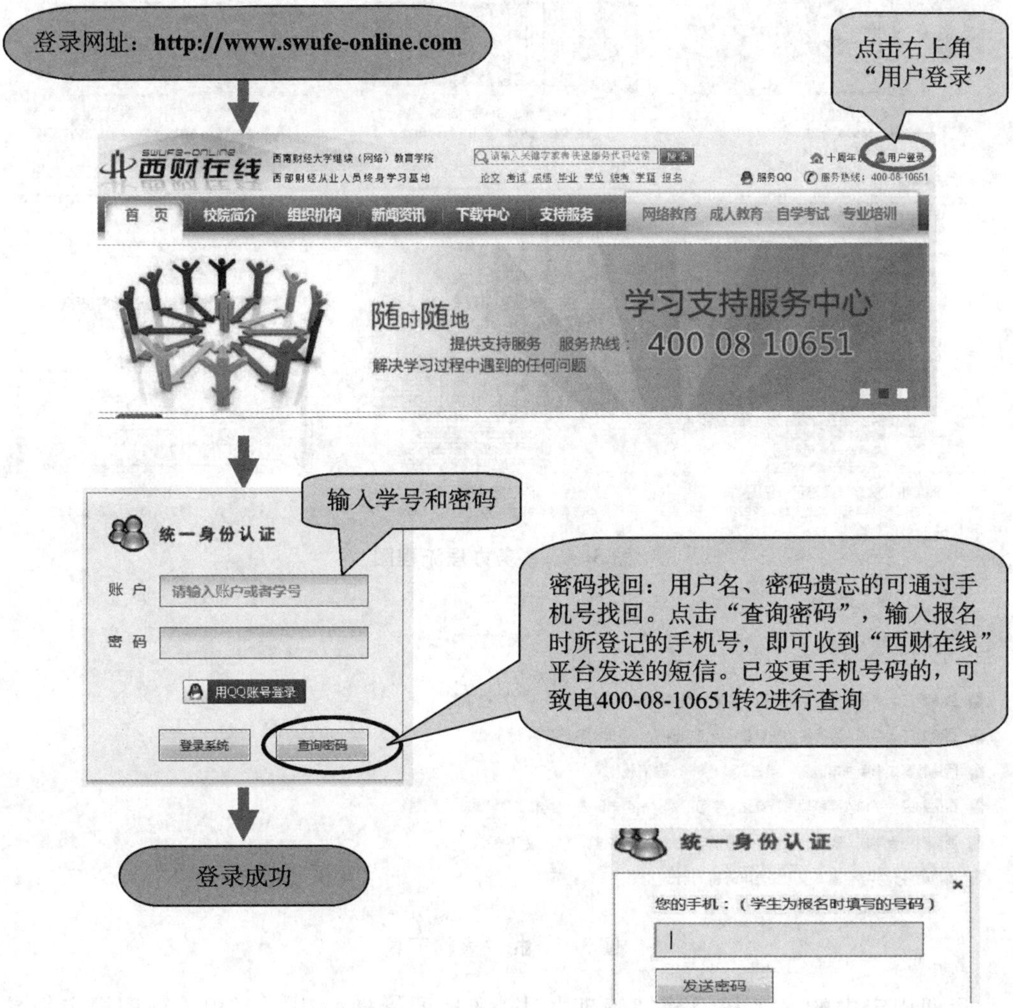


图 3-2　登录学业中心流程

## 3.1.2　学习指南

为了方便学生能更快地掌握网上学习方法，适应网络学习方式，我们推出了网上“学习指南”（如图 3-3 所示）。

图 3-3 网上“学习指南”

学生可通过入学须知视频了解怎么开始网上学习，关注流程图板块中学习全过程和学习时间表可确保不会错过学习、选课、约考、考试等重要环节，事务办理流程图（见图 3-4）和“表格下载”（见图 3-5）能帮助你轻松了解各类事务办理。

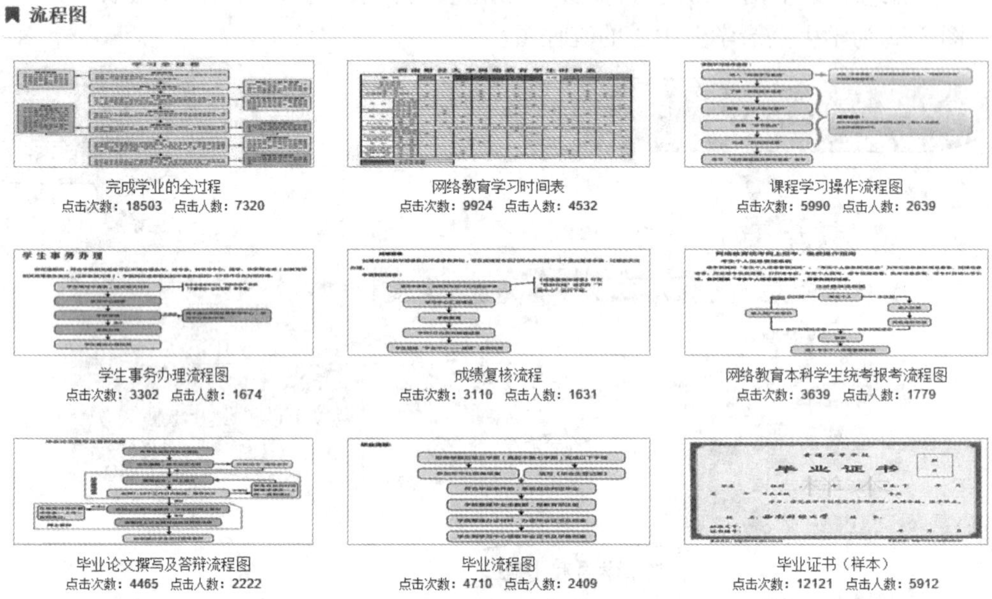


图 3-4 事务办理流程图

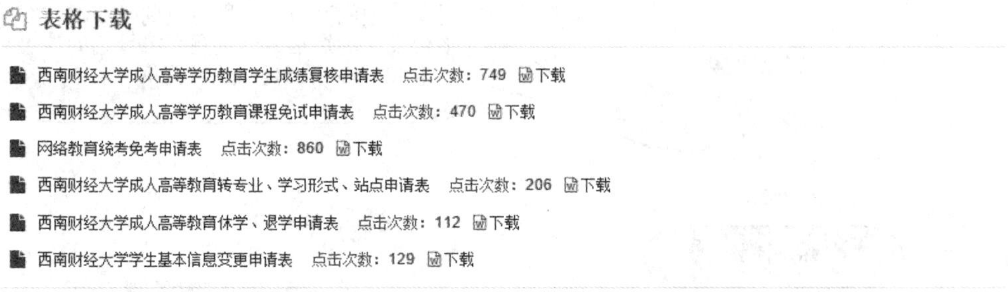


图 3-5 相关表格下载

管理规定中的《考核及成绩管理办法》《选课管理办法》等相关管理规定都是帮助完成学业的好帮手，相关链接中提供学生学习过程中会常用到的几个网站（见图 3-6）。

**管理规定**

- 西南财经大学成人高等学历教育学籍管理规定 点击次数：658
- 西南财经大学成人高等学历教育课程考核及成绩管理办法 点击次数：450
- 西南财经大学成人高等学历教育选课管理办法 点击次数：247
- 西南财经大学成人高等学历教育课程免考条件对照表 点击次数：403
- 教育部关于网络教育的统考文件 点击次数：389
- 网络教育统考考生个人网上报考、缴费操作指南 点击次数：553
- 西南财经大学成人高等教育本科毕业生学士学位授予实施细则 点击次数：433
- 西南财经大学成人学生学士学位外语考试须知 点击次数：416
- 西南财经大学成人高等学历教育毕业证明书办理程序 点击次数：259
- 西南财经大学远程教育优秀学员、优秀学生干部评选办法 点击次数：132

**相关链接**

- 网络教育统考考生个人信息管理系统（统考报考及成绩查询） 点击次数：2139
- 中国高等教育学生信息网（学信档案、学历查询及认证等） 点击次数：427

图 3-6 管理规定及相关链接

### 3.1.3 核对个人信息

学籍信息是学生进行学籍注册、缴费、选课、考试、毕业注册的重要基础信息，须在学校报教育部新生电子注册前，完成新生注册信息核对（报名时通过刷身份证读取信息的学生无须校对）。

1. 核对流程

第一步，登录学习平台“学业中心—学籍”专栏，需要完成校对的同学登录时会自动弹出校对窗口（见图 3-7）。

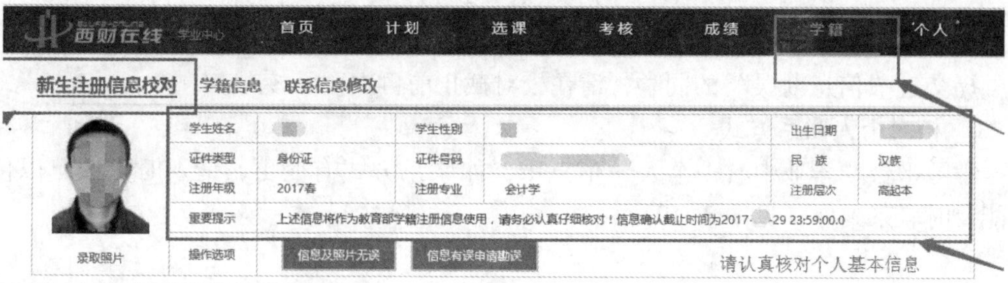


图 3-7

第二步，核对本人信息是否正确。

信息正确的：请点击最下方的“信息及照片无误”在弹出的对话框中输入收到的手机验证码，点击“确认信息”完成操作（见图 3-8）。

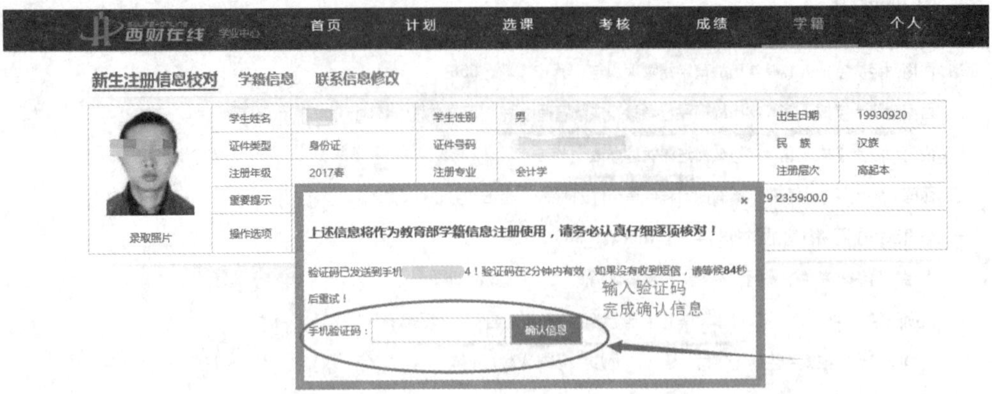


图 3-8

信息有误的：点击“信息有误申请勘误”，输入需要勘误的内容后提交（见图 3-9）。

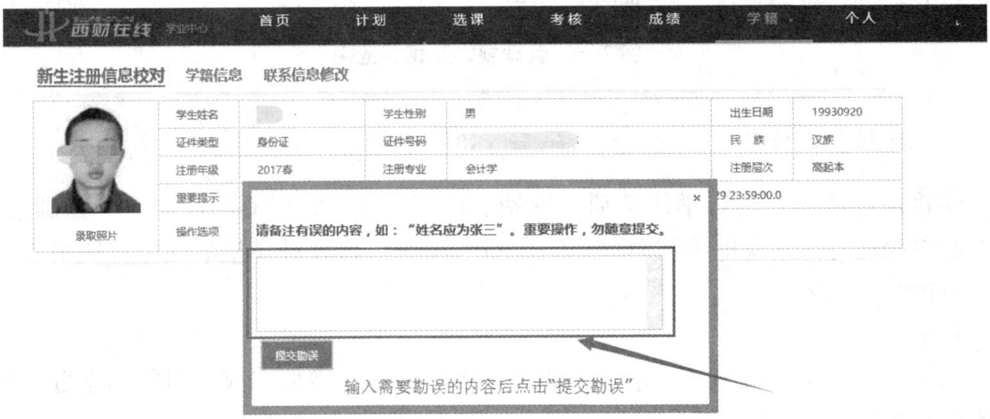


图 3-9

提交过“信息勘误”的同学，请在校对截止前再次登录核对。

2. 核对个人联系方式

学习平台“学业中心—个人”信息中，如联系方式有变更，请及时更改，以便学校能及时联系到你（见图 3-10）。

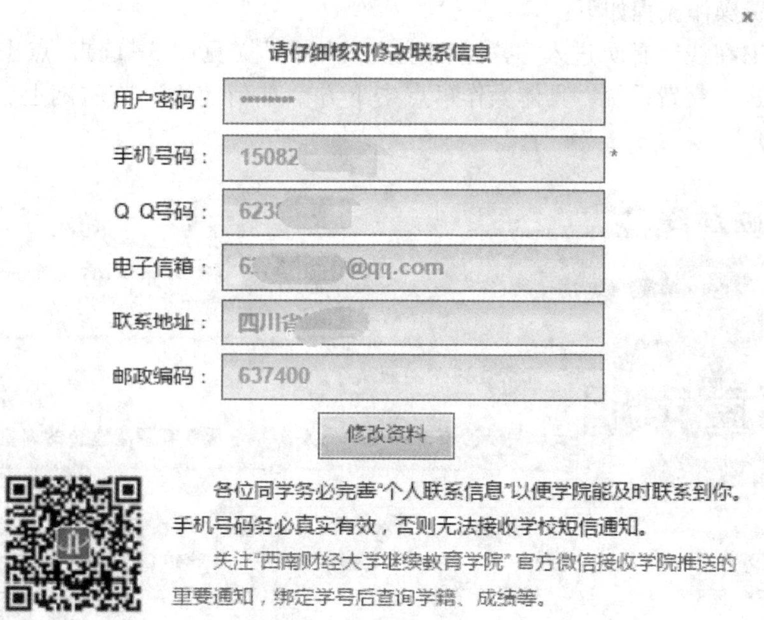


图 3-10

### 3.1.4 学习期限

学习期限是指学生在学籍注册后，以我院学生身份进行学习的时间。学习期限以学生学籍在教育部注册起开始计算，专科和专升本最快 2.5 年毕业（高起本 5 年），最长学习有效期为 6 年，高起本最长学习有效期为 8 年。各位同学应合理安排学习进度，争取早日顺利毕业。

| |
|---|
| 特别提示：超过最长学习有效期限的，学籍将会被取消，无法继续再进行学习及毕业。如仍想继续学习的，可向学习中心申请转到新的招生批次，重新注册学籍。 |

### 3.1.5 交费

学院收费是根据教育部办公厅下发的《关于支持若干所高等学校建设网络教育学院开展现代远程教育试点工作的几点意见》文件及四川省物价局《关于对西南财经大学网络教育学院和“双语”教学初阶班收费标准的批复》的规定执行。

高中起点专科、专科升本科按学分分两年进行收费。其中，高中起点专科，每学年按 41 学分收费；专科升本科，每学年按 43 学分收费。高中起点本科分四年，每学年按 39 学分收费。

| |
|---|
| 特别提示：◇ 具体学费标准可咨询所属学习中心，或在“学生网上交费平台”中查看。<br>◇ 新学年开学时应缴清当学年学费，未按时缴纳学费的，将关闭网上学习账号，无法正常学习及考试。 |

网上缴费操作流程如下：

在“西财在线”首页进入“学生网上交费平台”（见图 3-11），点击“网络教育学生交费”进入交费系统，具体操作可点击下方“如何使用”查看网上缴费帮助文档（见图 3-12）。

图 3-11

图 3-12

### 3.1.6　学生证

学生证是学生在学校就读期间的身份证件，是参加考试及学习活动的重要凭证之一（示例见图 3-13）。

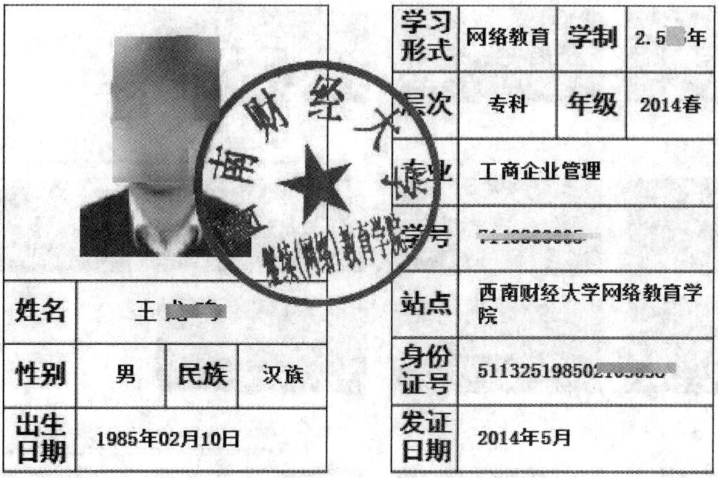
| | | | |
|---|---|---|---|
| 姓名 | 王[redacted] | | |
| 性别 | 男 | 民族 | 汉族 |
| 出生日期 | 1985年02月10日 | | |

| | | | |
|---|---|---|---|
| 学习形式 | 网络教育 | 学制 | 2.5[redacted]年 |
| 层次 | 专科 | 年级 | 2014春 |
| 专业 | 工商企业管理 | | |
| 学号 | [redacted] | | |
| 站点 | 西南财经大学网络教育学院 | | |
| 身份证号 | 51132519850[redacted] | | |
| 发证日期 | 2014年5月 | | |

图 3-13　学生证

领取方式：根据学习中心通知，至所属学习中心领取。

## 3.2　选课、约考及重修

### 3.2.1　查看计划

学生可进入“学业中心—计划”专栏查看自己所报读专业的教学计划。学校制订的专业人才培养方案，按课程属性分为通识教育基础课、专业基础课、专业主干课、文化素质课、专业拓展课和社会实践课六类。其中，通识教育基础课、专业基础课和专业主干课（期末时在所属考点参加现场集中考试）、社会实践课（最后一学期才会开放，单独考核）为必修课程。文化素质课和专业拓展课为选修课程（期末时参加网上考核）。

在“计划”中将看到你所学专业的课程设置情况，包括课程安排学习的学期、课程类型、课程学分、课程考核方式等。标记为“在修”的是你当前学期正在学习的课程，标记为“通过”的是你已经学习且通过考核的课程，标记为“已选”的是你已经进行了选课，在下学期要学习的选修课程。你也可以通过点击右上角的“可打印版本”进行查看或打印你的专属教学计划（见图 3-14）。

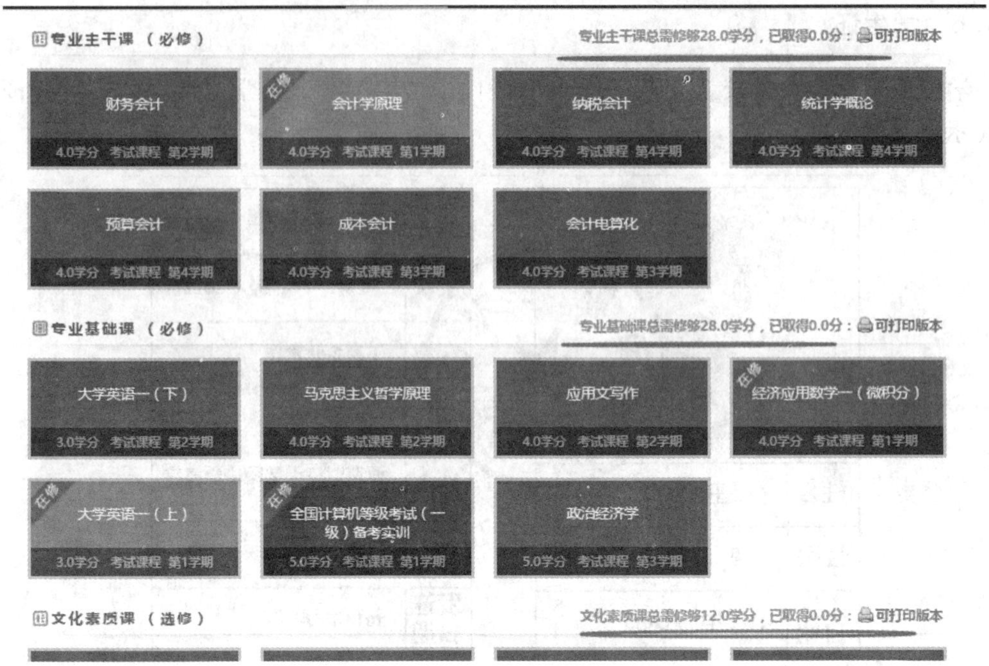


图 3-14

### 3.2.2 完成选课

我校网络教育教学实行的是学分制，采用弹性学制。根据《西南财经大学高等学历继续教育选课管理办法》，学生在完成教学计划中规定的必修课学习的同时，还需完成选修课程的学习。选修课学分达到规定要求是毕业的必要条件之一。

选课是指根据自己的学习能力及学习时间，综合考虑制订属于自己的选修学习计划，选定自己未来所要学习的选修课程，不能为当前学期选课。

专科：第 2~4 学期需完成不少于 27 学分的选修课学习，其中文化素质课不少于 13 学分，专业拓展课不少于 14 学分。

专升本：第 2~4 学期需完成不少于 23 学分的选修课学习，其中文化素质课不少于 11 学分，专业拓展课不少于 12 学分。

高起本：第 2~8 学期需完成不少于 41 学分的选修课学习，其中文化素质课不少于 20 学分，专业拓展课不少于 21 学分。

选课时间：4—5 月及 10—11 月。

> 特别提示：◇ 选课操作时请注意自己选择的选修学期，所选学期开学后方可开始学习。
>
> ◇ 未选满学分的，可在之后的学期继续完成选课或更换未开学期的所选课程。

网上操作流程如下：

在“选课”权限开放期间进入“学业中心—选课”专栏，点击相应备选课程，确定选修学期，即可完成选课。你可在此看到文化素质课和专业拓展课需要修够的总学分和当前已选学分数（见图 3-15）。

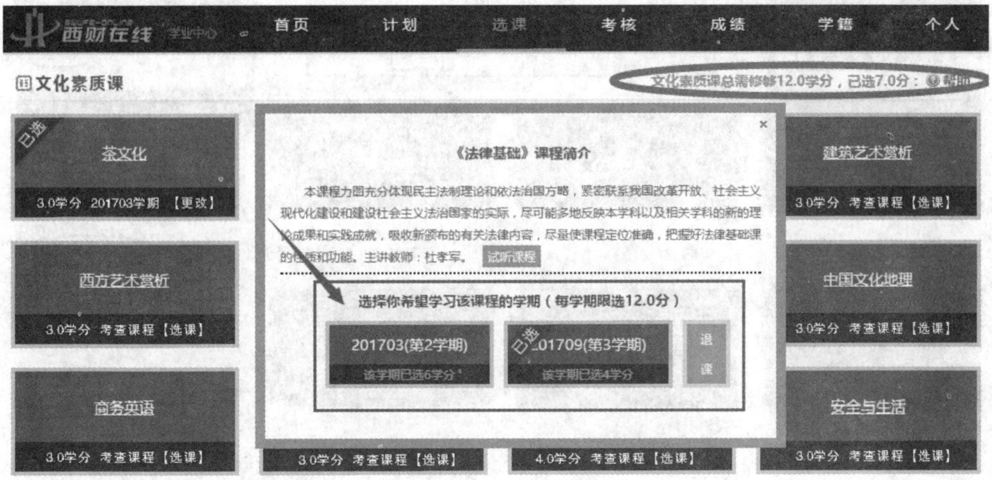


图 3-15

### 3.2.3　完成约考或重修

约考是指学生对当前学期需要参加期末集中考试的课程进行预约及确认。学生可根据自身情况来确认在学校规定的考试时间是否参加考试，如果时间不能调节或有其他原因无法在规定时间内参加考试，可以不约考，待下学期选择重修即可。

重修是指考试某一门未通过，下一学年重新上该门课并重新考试。所修课程中总评成绩不合格的都需要重修。新的学期预约“重修”后，须重新参加期末考核。重修课程网上学习及平时作业可选择重新完成，平时成绩将以历次最高成绩折算计入总评成绩。

重修课程的约定包含了重修课程约考，只需操作一次。选择了当前学期要重修的某门课程后，默认参加本学期该门课程的期末考核。学籍有效期内重修均不收取费用。未选“重修”的不开放重修及考试权限。

> **特别提示：**◇“待考查课程”中包含了你已学课程中所有待考查课程。当前学期在修的考查课程无须约考，重修的考查课程需选择“重修”后，才能参加当学期的期末考查。

开放时间：预计在每年的 4 月 15 日至 30 日和 10 月 15 日至 30 日开放约考。

网上操作流程如下：

进入“学业中心—考核”专栏，在“正考课程约考”和“考试课程重修及约考”中点击相应课程的“约考”或“重修及约考”（见图 3-16），即可根据提示完成该门课程的考试预约或课程重修。

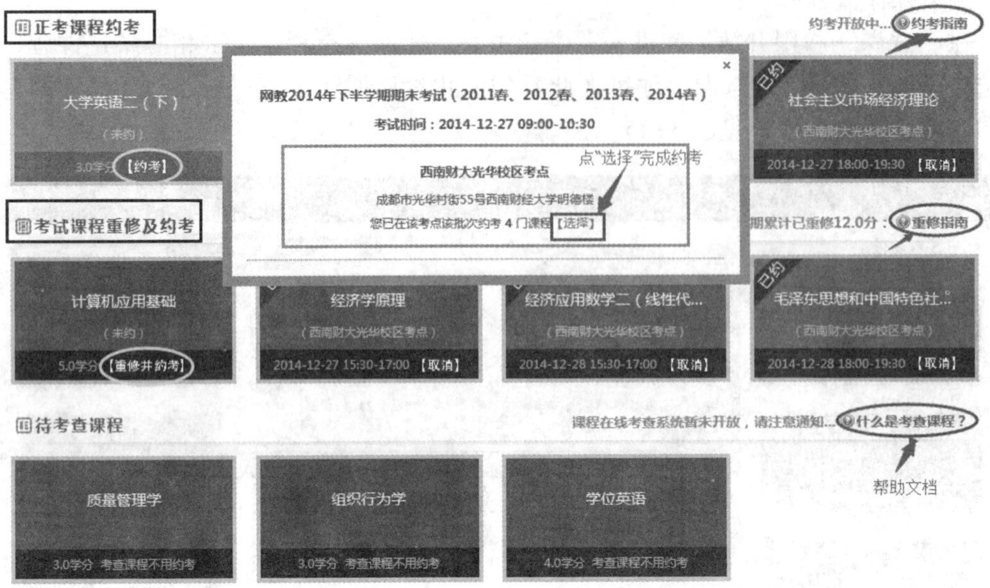


图 3-16

特别提示1：

同一门课程如有多个考试时间或地点的，你可根据系统提示自主选择适合自己的考试时间或考点（见图3-17和图3-18）。

图 3-17

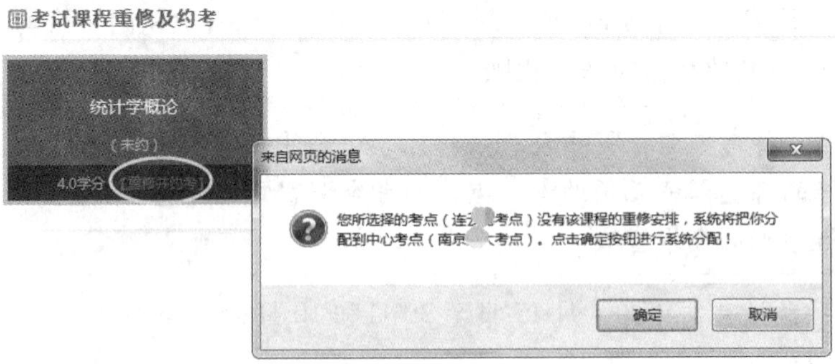


图 3-18

特别提示2：选择重修课程时，若选择课程的考试时间有冲突，系统将自动提示，只能选择其中一门（见图3-19）。

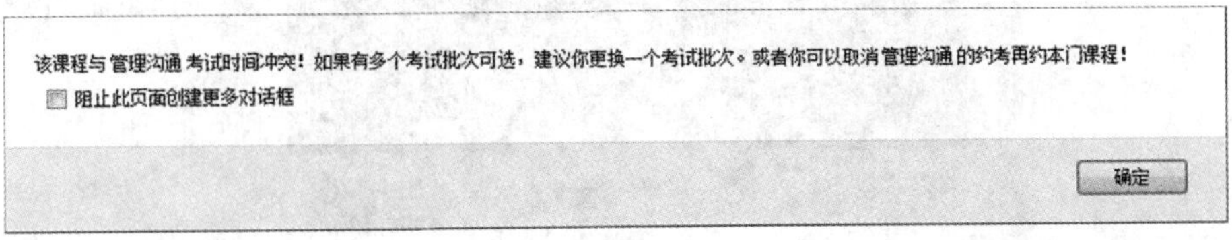


图3-19

特别提示3：选择重修时，若你选择重修的课程当前学期并没有教学安排和考试计划，系统将自动提示"该门课程在本学期没有安排考试"（如图3-20所示），需待该门课程安排考试后再进行约考。

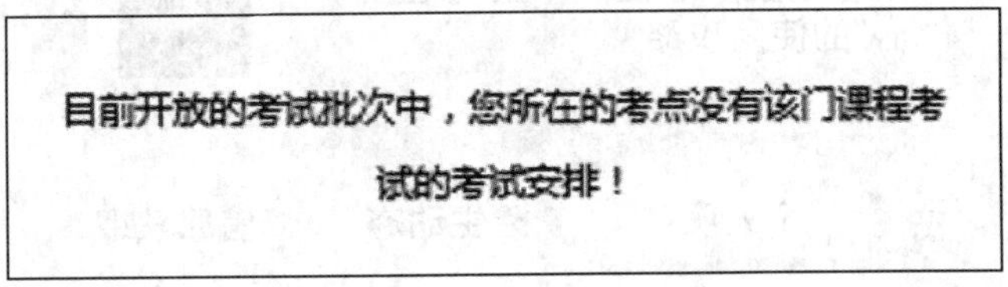


图3-20

### 3.2.4 获取学校通知信息的渠道

为了避免错过完成学业的重要环节，你需要随时关注"西财在线"首页的"重要通知"专栏，或通过微信关注"西南财经大学继续教育学院"的官方微信服务号（可通过扫描如图3-21所示二维码关注），我们将通过发布通知、微信推送及短信群发等方式，及时将选课、约考、考试、教学、统考、成绩发布等各类重要信息告知你，助你顺利完成学业。

图3-21 官方微信二维码

官微功能主要包括以下几个方面：

（1）自助回复：在公众号输入关键字"官微"，系统会自动回复相关内容；输入关键字"毕业"会自动回复各类毕业条件（见图3-22）。

（2）微网站：在"个人服务"菜单中你可登录学院的微网站，完成学籍、成绩等信息查询（见图3-22）。

图 3-22

## 3.3 课程学习

### 3.3.1 确定学习课程

登录学习平台以后，看到的“我的课程”为课程导航页面，在这里可以看到你的“在修课程”及“已修课程”（如图 3-23 所示）。

“在修课程”栏中为当前学期需要完成学习的课程，点击任意课程可进入到“课程主页”开始学习，将包含必修、选修、重修以及单独考核课程（如毕业论文、社会实践报告，网教本科的统考课程）。

第一学期只有必修课程，第一学期完成了选课后，第二学期将会出现选修课程。

“已修课程”栏中为往期课程，标记“未通过”的课程需要在规定时间预约重修后才能重新开始学习。

图 3-23

### 3.3.2 确定学习目标

建议学生在新学期开学时，根据学校的教学安排、“在修课程”中的课程数量及自身实际情况制订好个人学习计划。

> 温馨提示：春季学期学习时间为3—6月，秋季学期学习时间为9—12月，具体时间请在“西财在线”重要通知栏中查看当期教学安排通知。

确定好自己每月需要完成多少课程章节的学习目标后，接下来就可以正式开始网上学习了。

### 3.3.3 课程学习流程

图 3-24 为课程学习流程。

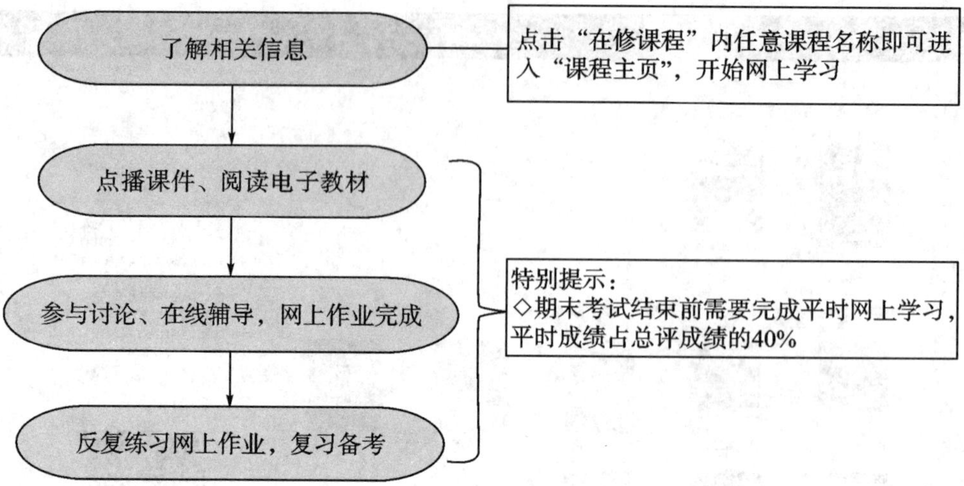


图 3-24　课程学习流程

学生可根据自己拟定的学习计划，在课程学习主页中按照课程章节目录依次完成课件学习、阅读电子书及网上作业、参与学习社区活动等。

## 3.3.4　开始课程内容学习

课程的学习主要包括课件点播、阅读电子书、参与学习社区讨论和完成网上作业四个部分。学习过程中系统会自动记录你的学习过程作为平时成绩计入期末总评成绩。在修课程的网上学习需要在当学期期末考试前完成，具体时间以当学期考试安排通知为准。

1. 课程主页

课程主页由上方的“课程学习进度记录图”及左下方的“在线学习”面板、右下方的“课程信息”“课程通知”和“页面引导说明”几大板块构成（如图 3-25 所示）。在此你可查询到该门课程的整体学习情况和完成进度以及平时成绩预估得分，双击灰色圆圈图标还可以查看各板块得分细则。

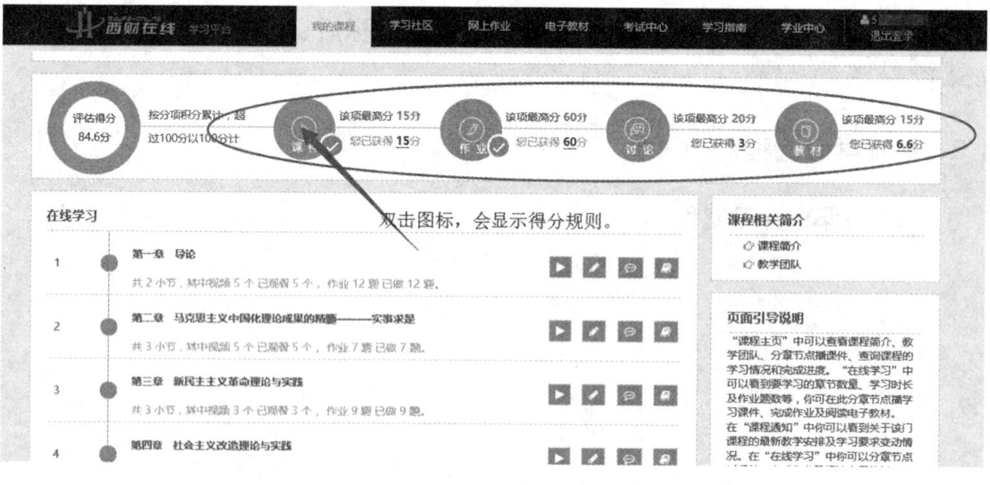


图 3-25

在“在线学习”中你可以点播课件、分章节完成作业及阅读电子教材。

在“课程相关简介”中你可以查看课程简介及教学团队。

在“课程通知”中你可以看到关于该门课程的最新教学安排及学习要求变动情况。

在“课件点播日志”中你可以查看最近的课件点播时间。

2. 课件点播

在章节中点击右侧的 ▶ 播放按钮开始课件播放。

在课件播放界面，可在右侧“课件目录”中选择知识节点进行学习。屏幕下方可“发表评论”将个人学习体会与其他同学们一起分享（见图 3-26）。

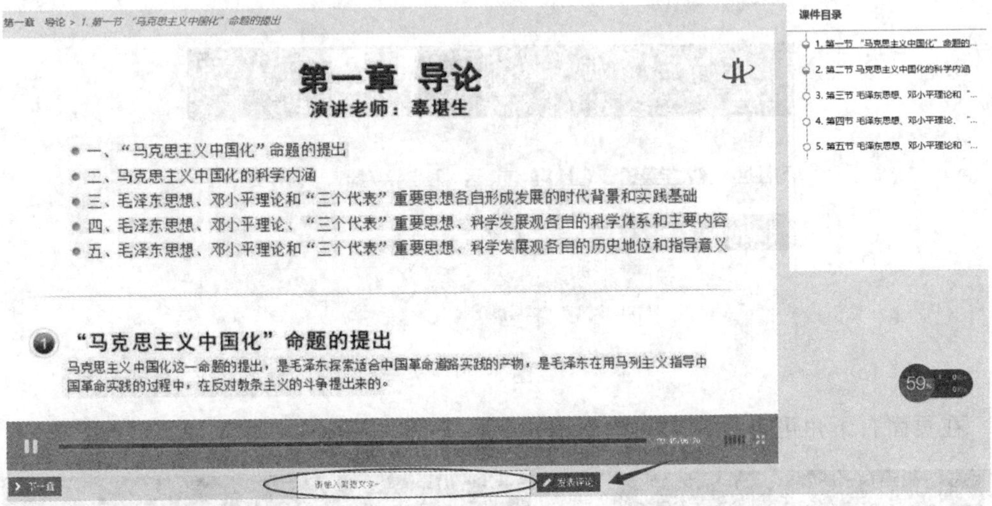


图 3-26

3. 参与学习社区活动

“学习社区”是学生与教师之间、学生与学生之间交流互动的平台。“学习社区”分为“课程讨论区”与“学业讨论区”。

“课程讨论区”中你可分别查看“在修课程讨论区”“已修课程讨论区”和“统考课程讨论区”中的内容。在讨论区中课程辅导老师将根据教学进度进行导学和专题讨论，并对学生提出的课程知识问题进行答疑。

点击课程进入后，你可以选择不同的主题查看讨论内容，也可在此“发起讨论”或“发起求助”（见图 3-27）。

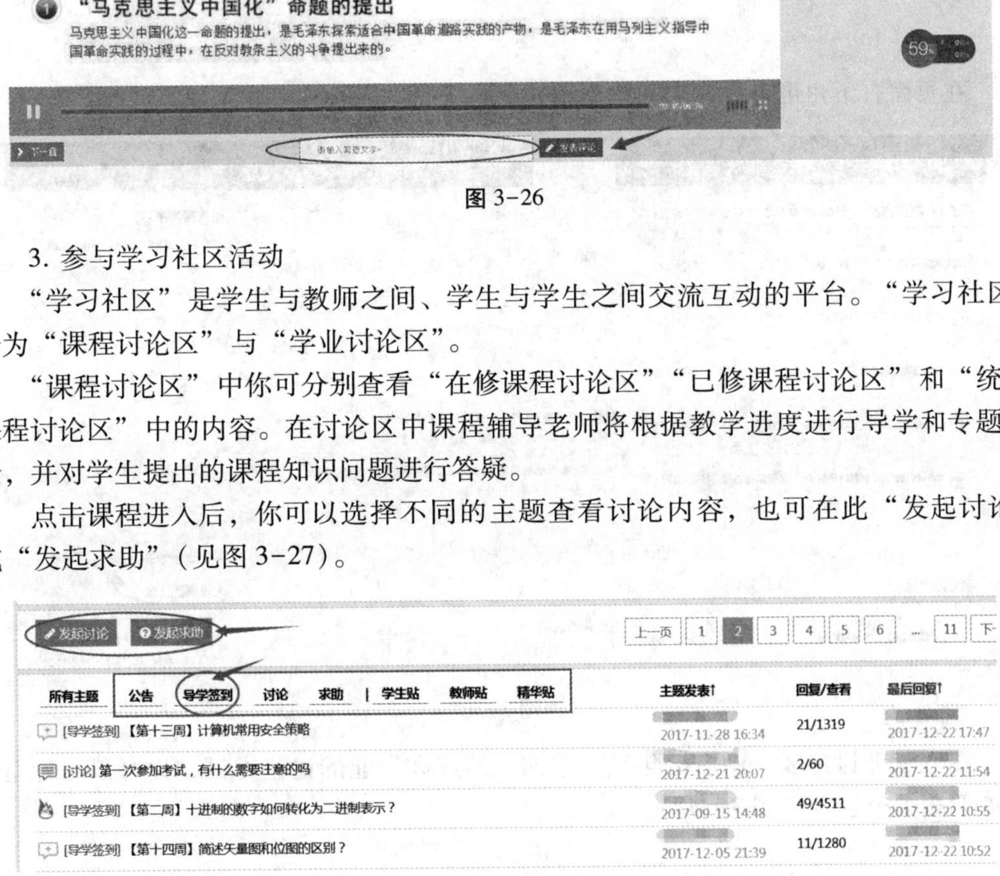


图 3-27

查看“导学签到”中的内容时可以进行签到，每签到一次记 1 分平时成绩，不可重复签到（见图 3-28 和图 3-29）。

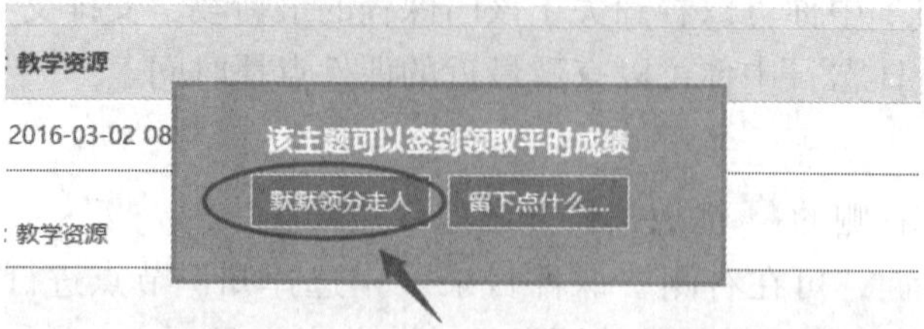


图 3-28

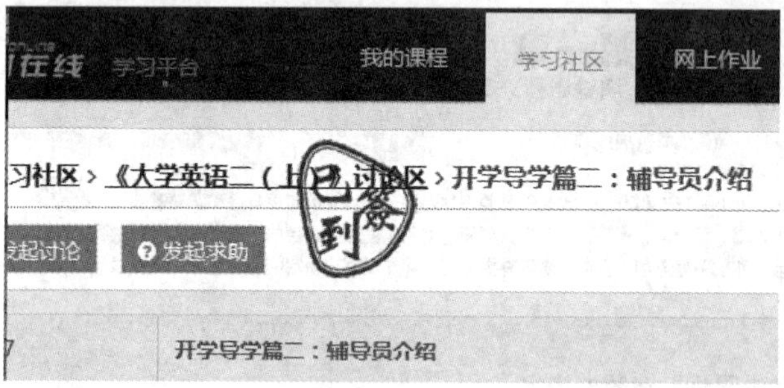


图 3-29

在页面右下角可查看你未完成签到的主题（见图 3-30）。

图 3-30

在“学业讨论区”中有分年级、学期、站点和专业的讨论专区，你可以有针对性地查看相关公告（见图 3-31）。

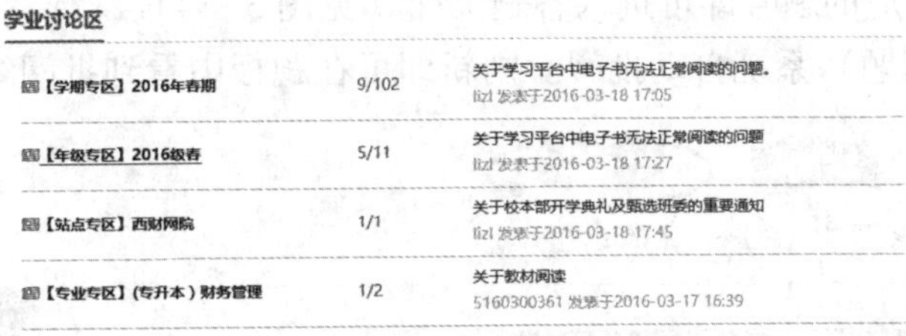


图 3-31

4. 完成网上作业

点击顶部“网上作业”进入作业列表页面，列表中的课程是当前学期所修课程（见图 3-32）。所有网上作业需在期末考试前完成，具体时间以当学期考试安排通知为准。完成网上作业计入平时成绩，占课程总评成绩 24 分。

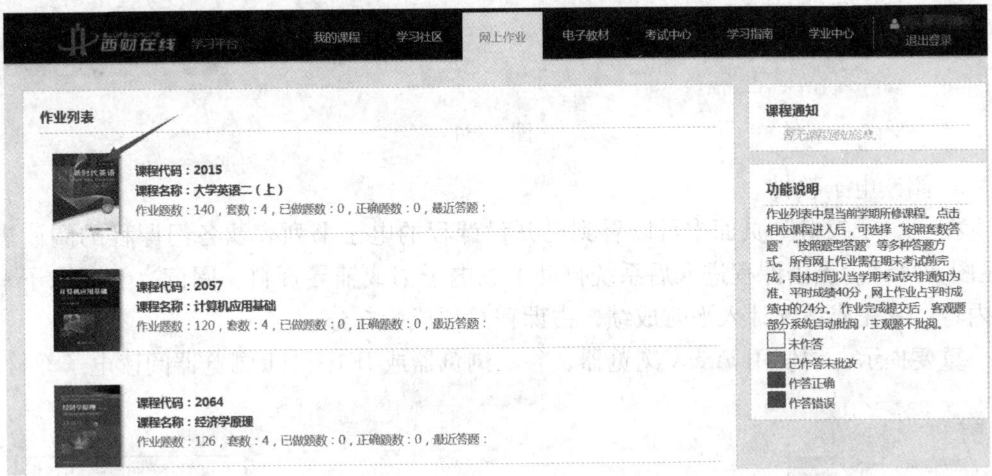


图 3-32

点击课程进入该科目作业题板，你可以“按照题型答题”答题，右侧可查看课程作业完成情况和最近答题的记录（见图 3-33）。

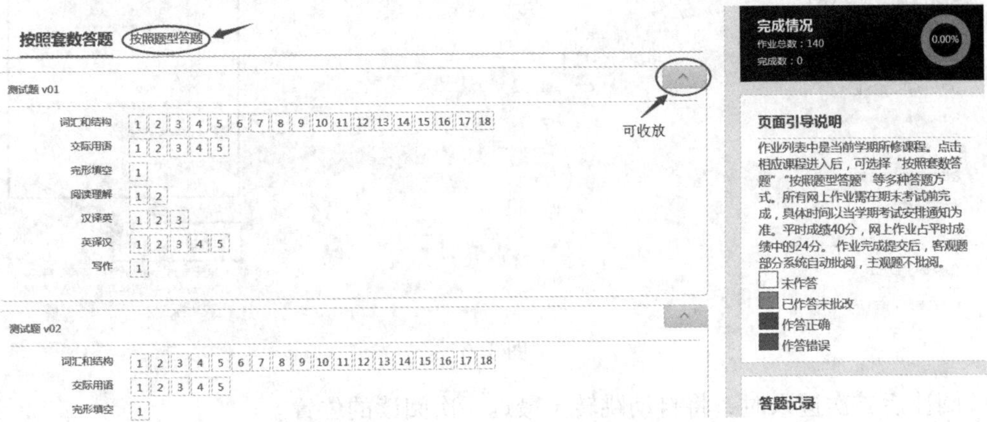


图 3-33

点击题型后对应的题号即可进入答题页面（见图 3-34）。“保存答案”后客观题部分（选择题和判断题）系统自动批阅。刷新即可在题板中看到批阅结果。

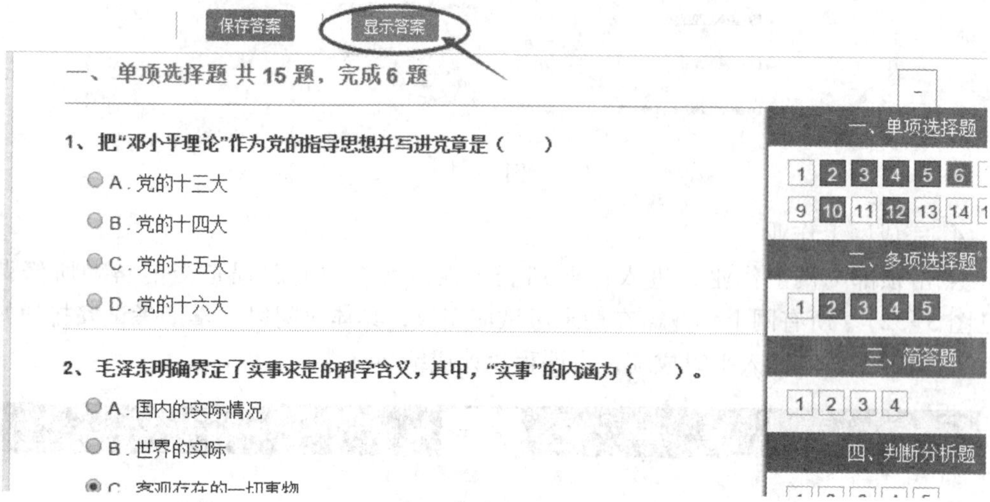


图 3-34

5. 阅读电子教材

在“电子教材”页面中可以看到已开设课程的电子书列表及各门课程的阅读进度（见图 3-35）。点击课程进入后系统自动下载电子书或辅导资料。阅读、学习电子书中的内容，其完成情况计入平时成绩，占课程总评成绩 6 分。

重要提示：请使用 Fireox 浏览器、谷歌浏览器或 IE10、11 浏览器阅读电子教材。

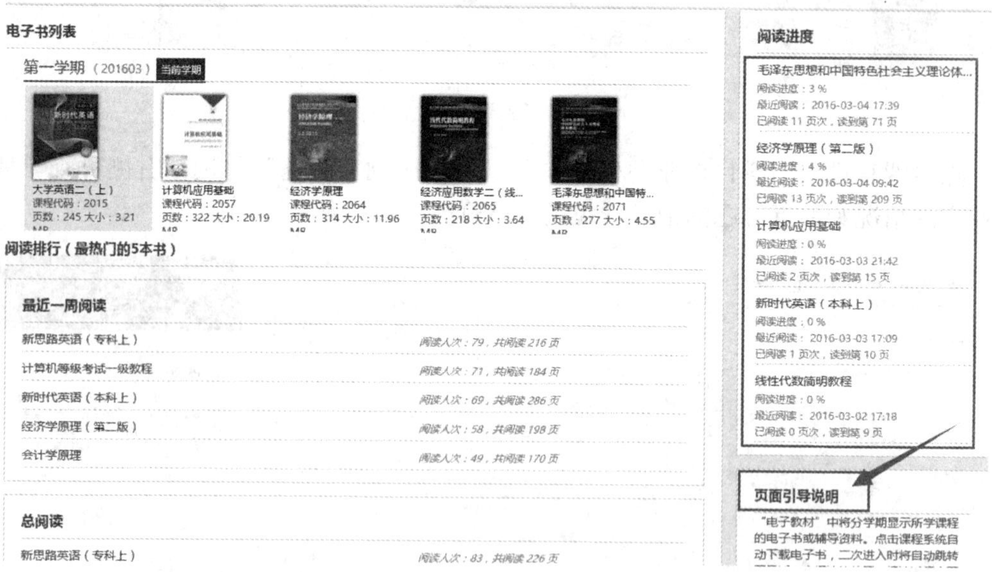


图 3-35

阅读后二次进入时，将自动跳转至最近一次阅读的位置。

# 3.4 考核及毕业设计

## 3.4.1 考核

学生所学习课程的考核方式分为期末集中考试和考查两种，具体课程的考核方式可在“学业中心—计划”中进行查询。

| |
|---|
| 特别提示：◇“学业中心—考核”专栏为你提供了本学期可参考及重修课程的查询及约考功能。具体操作介绍请查看本书中“了解如何完成学业—完成约考或重修”部分。 |

1. 期末集中考试

已约考的课程需要学生到所在学习中心的考点参加现场笔试，考试分为开卷和闭卷两种形式，具体执行方式会在网站首页“重要通知”栏中“期末考试安排的通知”里公布。

期末集中考试时间一般为每年的6月和12月，考试都安排在周末进行，具体时间以通知为准。图3-36为12月份的考试课程时间安排表。

| 考试时间 | 课程 | 备注 |
|---|---|---|
| 2014-12-27 09:00-10:30 | 保险精算 | 开卷 |
| | 财务管理 | 闭卷 |
| | 大学英语二（下） | 闭卷 |
| | 大学英语一（下） | 闭卷 |
| | 风险投资 | 闭卷 |
| | 公共政策分析 | 闭卷 |
| | 国际经济合作 | 闭卷 |

图3-36

考生在参加期末集中考试前三天（或规定时间内），需要登录“学业中心—考核”专栏打印准考证（见图3-37），凭准考证和有效身份证件到指定的考点参加考试。准考证上列有你所需要考试的课程、考试时间、地点、座位号等信息。

图 3-37

2. 网上考查

当前学期学习的考查课程不需要约考，只需在学院规定的时间内登录“西财在线”的“网上考试系统”完成即可。

网上考查方式分为两种：

（1）提交撰写的课程学习心得、调查报告。

（2）完成网上考试。

具体课程的考查安排，可通过首页搜索关于“考试”的通知，查看相关信息（见图 3-38）。

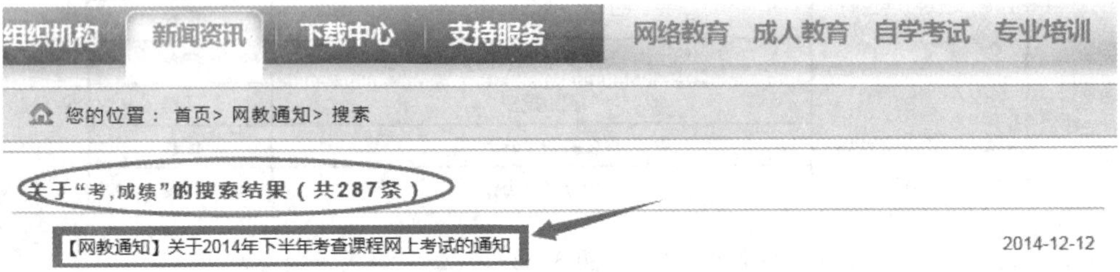


图 3-38

需要参加考查的课程可在“学业中心—考核”专栏“待考查课程”中查看，或者点击“考试中心”查看（见图 3-39）。

图 3-39

在“考试中心”页面，点击未参加考试课程中的“进入考试”按钮（见图 3-40），认真仔细阅读弹出窗口中的“网上考试须知”全部内容并“确认”后，即可进入试卷答题界面，开始网上作答。

考试课程列表

| 序号 | 课程编码及名称 | 考试开放/结束时间 | 操作 | 状态 | 保存时间 | 用时（分） | 答题情况 |
|---|---|---|---|---|---|---|---|
| 1 | 2033 公司治理 | 2017-04-10 09:00 至 05-17 17:00 | 进入考试 | 未开始 | | | |
| 2 | 2048 宏观经济学 | 2017-04-10 09:00 至 05-17 17:00 | 进入考试 | 未开始 | | | |
| 3 | 2107 微观经济学 | 2017-04-10 09:00 至 05-17 17:00 | 进入考试 | 未开始 | | | |

图 3-40

特别提示：◇ 考查课程需要你在规定时间内登录“在线考试系统”参加网上考核。如果你未在规定时间内参与网上考核或考核未通过的，需要在下一学期选择重修或重新选修其他课程。

◇ 网上答题前务必认真阅读《网上考试须知》。

◇ 由于浏览器兼容性的问题，请你使用 IE10 以上、谷歌或火狐浏览器登录网站完成考试。

考试完成后，学生可在“已考课程”中查看已完成网上答题课程的答题情况（见图 3-41）。成绩 40 天以后公布。

| 序号 | 课程编码及名称 | 操作 | 状态 | 保存时间 | 用时（分） | 答题情况 |
|---|---|---|---|---|---|---|
| 1 | 2001 Excel在经济中的应用 | | 已交卷 | 2016-12-14 10:48 | 35 | 共 37 道题，完成 37 道 |
| 2 | 4002 瓷器艺术赏析 | | 已交卷 | 2016-12-14 11:26 | 37 | 共 45 道题，完成 45 道 |
| 3 | 4004 服装美学 | | 已交卷 | 2016-12-14 12:02 | 30 | 共 43 道题，完成 43 道 |
| 4 | 4018 财经职业道德 | | 已交卷 | 2016-12-14 12:57 | 53 | 共 43 道题，完成 43 道 |

图 3-41

另外，也可通过微信平台进行答题，具体操作步骤如下：

第一步，长按扫描下方二维码，进入“考查课网上考试”（见图 3-42 和图 3-43）。

图 3-42

图 3-43

第二步，输入学号和密码之后点击登录，进入考试主界面（见图 3-44）。在“考试列表”中点击相应考查课程即可进入该门考试界面，开始作答。

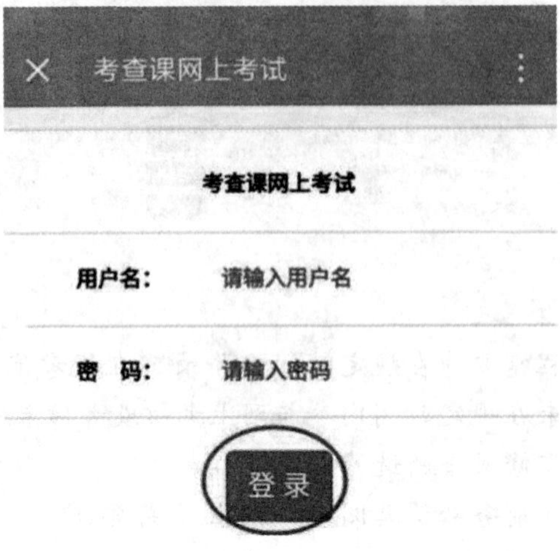


图 3-44

### 3.4.2　成绩

1. 成绩构成

各门课程的总评成绩由形成性考核成绩与终结性考核成绩两部分构成（见表 3-2）。形成性考核成绩（即平时成绩）占总评成绩的 40%，终结性考核成绩（即期末考核成绩）占总评成绩的 60%。

表 3-2　　　　成绩构成

| 成绩组成部分 | | 分值 | 具体说明 |
| --- | --- | --- | --- |
| 形成性考核成绩占 40% | 课程考勤 | 40 分 | 依据课程各章节课件学习情况给分：每完成一个章节课件的学习得 1.5 分，最高可得 15 分 |
| | 互动交流 | | 依据参与讨论区互动交流、发帖情况给分：进入课程讨论区查看“签到帖”内容，“签到”一次得 1 分，自行发帖被辅导老师确定为精华帖者一次可得 3 分，最高可得 20 分（“签到”不设置满分） |
| | 网上作业 | | 依据网上作业题完成情况给分（每作答一题得 1 分），最高可得 60 分 |
| | 阅读电子书 | | 依据电子书阅读情况给分（每看一页电子书得 0.1 分，反复看同一页的反复计分），最高可得 15 分 |
| 终结性考核成绩占 60% | | 60 分 | 期末集中考试课程的终结性考核成绩：学生参加期末考试的成绩；考查课程终结性考核成绩：学生提交撰写的课程学习心得、调查报告，相关课程教师评定给予的相应成绩，或在规定时间内，参加在线考试取得的相应成绩。终结性考核成绩为百分制，考核结果按 60%折算后计入总评成绩 |

形成性考核的范围主要包括课件点播情况、阅读电子书情况、参与学习社区讨论和网上作业完成情况。学习过程中系统会自动记录你的学习过程作为平时成绩计入期末总评成绩。

所学课程的平时成绩，网上学习、作业完成情况等可以在“课程主面”中查询。双击灰色模块可查看得分细则（见图 3-45）。

图 3-45

2. 总评成绩发布

集中考试课程及网上考查课程总评成绩均在考试结束后 40 天后统一发布。发布后，考生可在“学业中心—成绩”专栏中查询总评成绩及取得的相应学分、通过时间（见图 3-46）。

**我的成绩**　　当前成绩平均分为79.0分（只计算已有成绩的计划内课程，不含实践环节）

| 学期 | 课程名称 | 课程类型 | 总评成绩 | 有效学分 | 取得时间 |
|---|---|---|---|---|---|
| 201403（一） | 1. 大学英语B（统考） | 统考课程 | 未通过 | 未取得 | |
| | 2. 计算机应用基础（统考） | 统考课程 | 未通过 | 未取得 | |
| | 3. 大学英语二（上） | 专业基础课 | 79.0 | 3.0分 | 2014-10-18 |
| | 4. 经济法 | 专业主干课 | 无 | 未取得 | |
| | 5. 大学英语二（下） | 专业基础课 | 无 | 未取得 | |
| | 6. 计算机应用基础 | 专业基础课 | 无 | 未取得 | |
| | 7. 经济学原理 | 专业基础课 | 无 | 未取得 | |

图 3-46

所学课程的总评成绩发布后，总评成绩合格，方可取得该门课程对应的学分。如你尚在学习过程中，或只完成了平时网上学习或只参加了期末考核，而总评成绩尚未发布，均不能取得该门课程的学分。

3. 成绩复核

如果你对当前学期课程总评成绩有异议，可在成绩发布后 20 天内向所属学习中心提出复核申请，过期则无法办理（具体流程见图 3-47）。

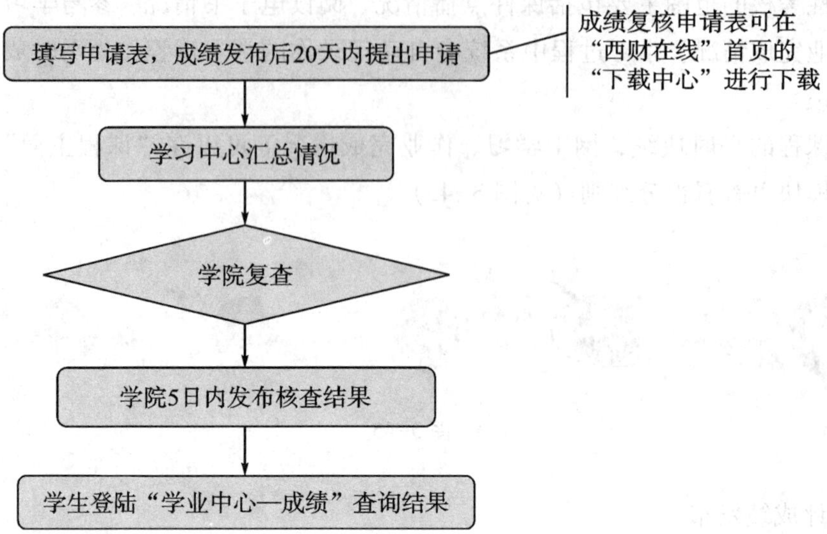


图 3-47

### 3.4.3 毕业设计

专科及专升本的学生需要在第 4 至 5 学期、高起本的学生在第 8 至 9 学期完成毕业设计环节课程。其中，专科学生为撰写社会实践报告或课程学习体会，本科生为撰写毕业论文。在课程主页中，你可观看相关写作指导视频。

1. 社会实践课程

社会实践活动是学校教育向课堂外的一种延伸，也是推进素质教育进程的重要手段。社会实践报告内容可以是暑期社会实践活动、“青年志愿者”活动、社会调查和考察、社会服务、环境保护活动、勤工助学活动、军训、专业实习、课程学习体会等。

（1）专科实践课程完成的时间。

学生需要在规定时间内完成社会实践报告或课程学习体会的撰写，并在网上提交，由指导老师判断是否合格。

春季学期：一般为 3—4 月；秋季学期：一般为 9—10 月（具体时间以当次通知为准）。

（2）专科实践课程写作流程。

①登录“学习平台”在“我的课程—实践环节”中进入课程主页（见图 3-48）。

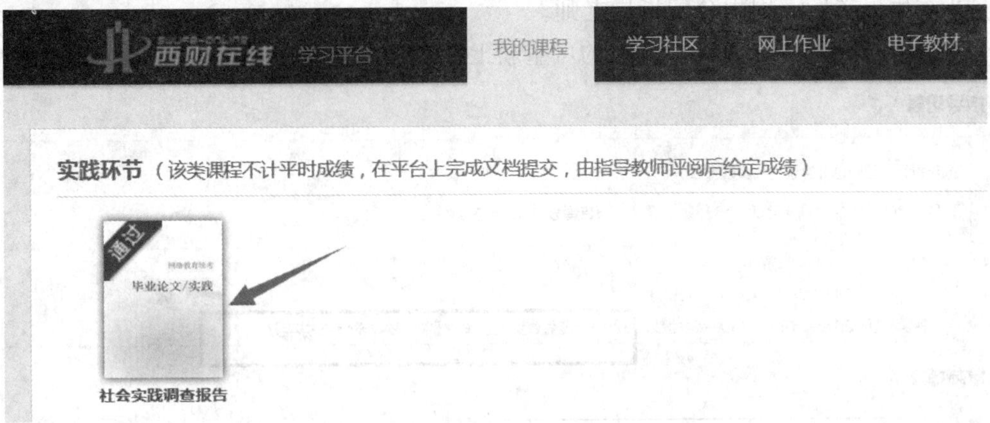


图 3-48

②在课程主页中，学习专科社会实践报告写作指导视频，然后点击“进入撰写平台”开始写作（见图 3-49 和图 3-50）。

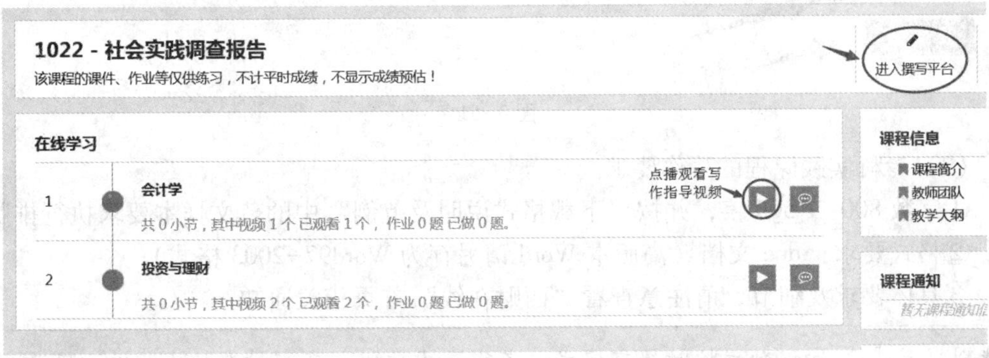


图 3-49

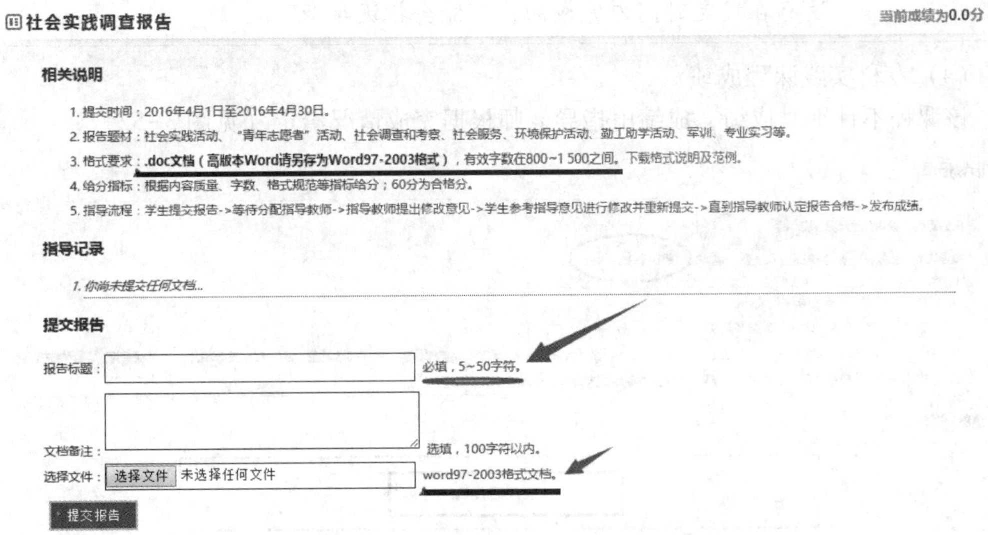


图 3-50

③文稿提交后一周内分配指导老师。

④老师指导，并给分（不合格的可重新上传），图 3-51 为老师指导记录。

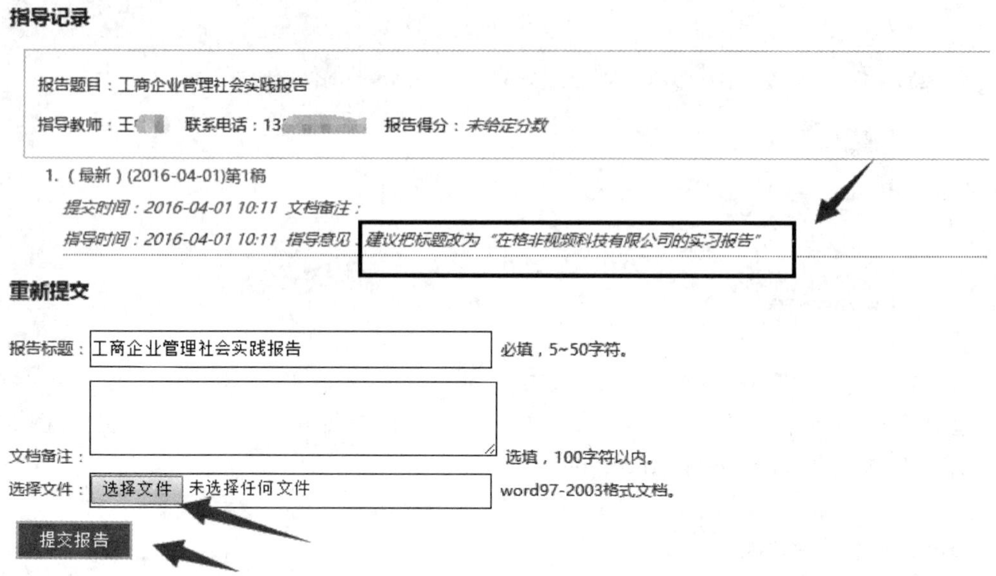


图 3-51

（3）专科实践课程的写作要求。

①字数 800~1 500 字，并按“下载格式说明及范例”中的范文样本要求执行排版；

②格式要求：.doc 文档（高版本 Word 请另存为 Word97-2003 格式）；

③具体要求及细节，请注意查看“西财在线”首页相关通知。

> 特别提示：◇ 切记独立按时提交完成，不得弄虚作假，不得抄袭他人报告，否则其社会实践报告成绩以不合格处理。
> ◇ 没有在规定时间内完成的，可能会推迟毕业。

（4）专科实践课程成绩。

该课程不计平时成绩，成绩由指导老师根据完成情况给定（见图 3-52）。

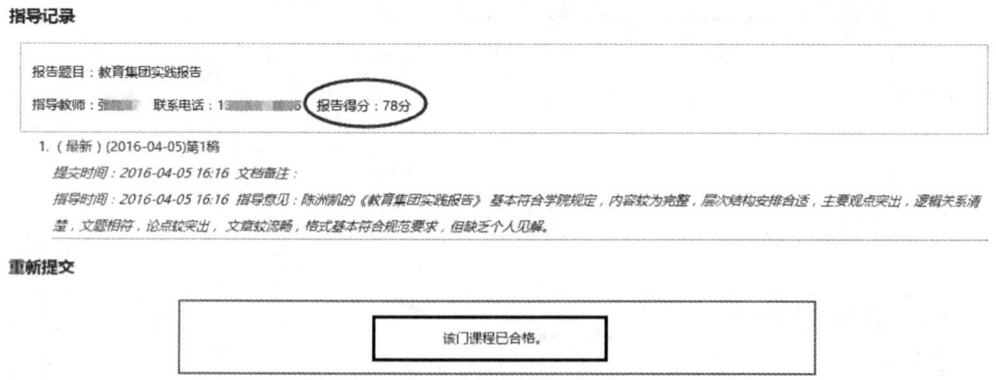


图 3-52

2. 毕业论文

完成毕业论文分为六个阶段：选题、初稿提交、指导、定稿、网上答辩和现场答辩。前五个阶段均在“毕业论文平台”中完成，现场答辩则需到学校或所在学习中心进行。在“学习平台”中点击“毕业论文”即可进入“毕业论文平台”。

特别提示：论文写作权限自开通起，一年内有效。如在一年后仍未完成毕业论文，权限将会自动关闭，如需要再次撰写须向所属学习中心申请重新开通权限。

（1）毕业论文写作的时间安排。

毕业论文写作的周期一般为 4 个月，你需要在规定周期内完成论文撰写、定稿及网上答辩。

春季学期：1 月初开始，4 月底结束；成绩归档时间：5 月底。

秋季学期：7 月初开始，11 月初结束；成绩归档时间：11 月底。

（2）毕业论文撰写及答辩流程（见图 3-53。）

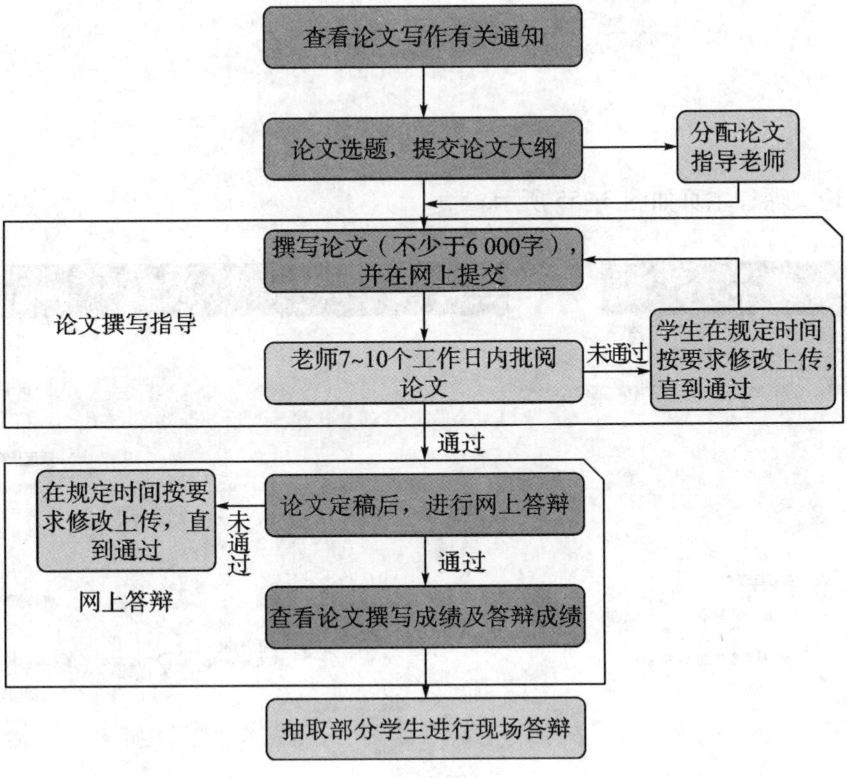


图 3-53

（3）毕业论文撰写。

写作论文前必须登录“西财在线”后在“学习平台”点击“毕业论文”标签（见图 3-54），学习本科毕业论文写作指导视频、利用信息资源助力学术论文写作后开始写作论文。

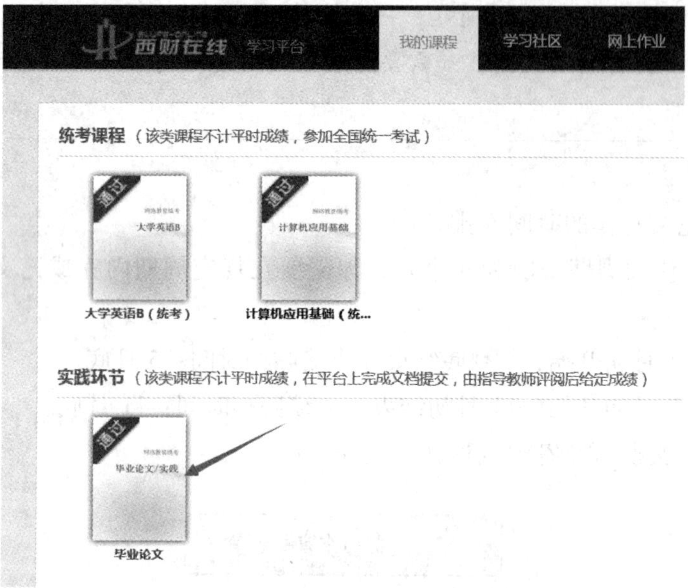


图 3-54

毕业论文课程主页如图 3-55 所示。

图 3-55

① 选题提交写作大纲。

点击“进入选题”开始论文选题（见图 3-56）。

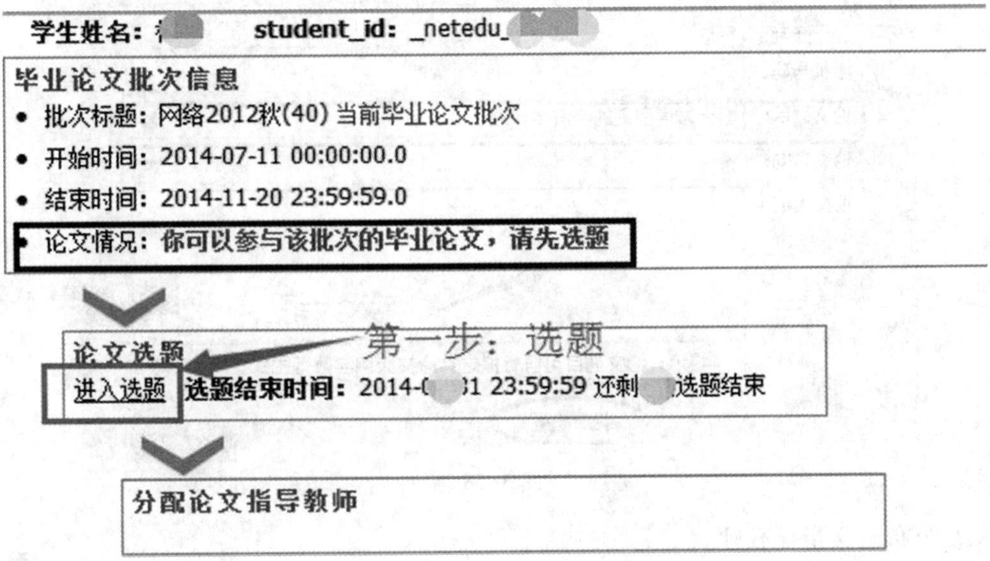


图 3-56

双击适合你的论文题目进入选题卡界面（见图 3-57）。

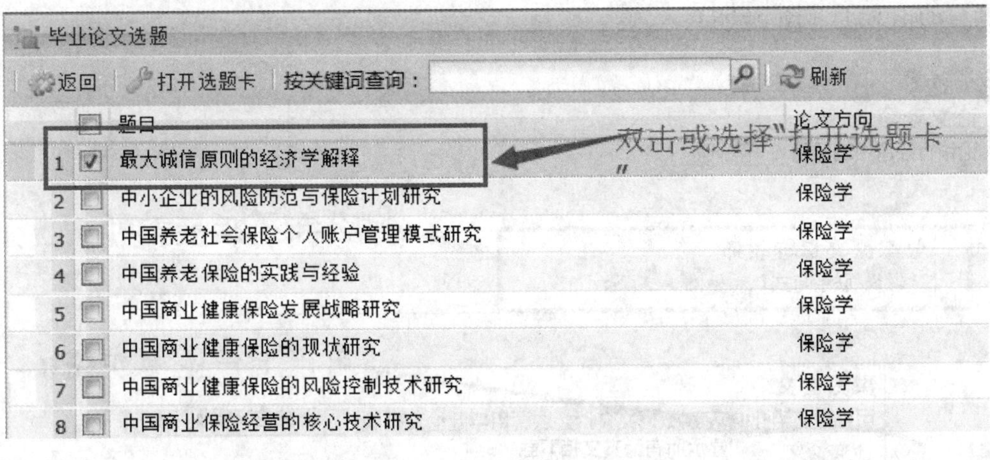


图 3-57

在选题卡界面中填写论文大纲并提交，才算完成了论文选题（见图 3-58）。

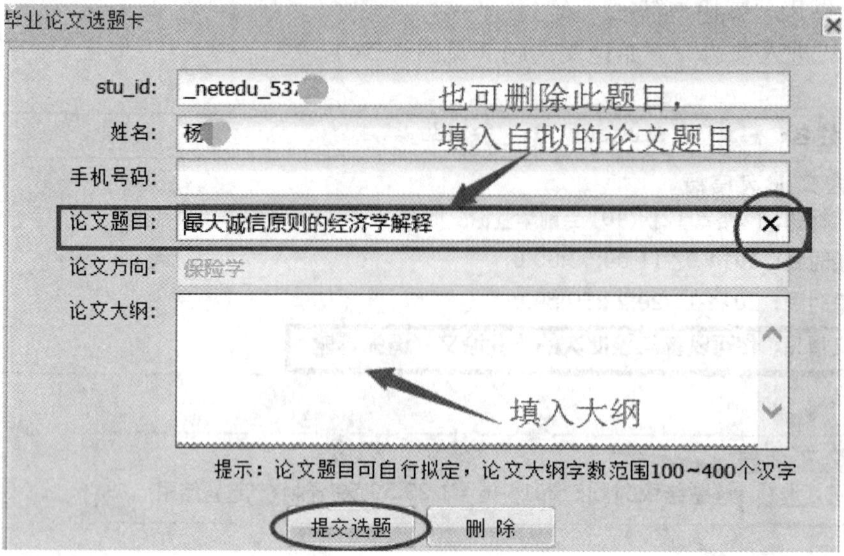


图 3-58

② 公布论文指导教师。

在完成论文选题的 3~5 个工作日内，平台将会公布你的论文指导教师，老师将会审定你的选题及提交的写作大纲。在此期间你可开始准备你的论文基础材料。

③ 提交论文初稿。

在平台公布论文指导教师后，平台将会打开“上传论文”的权限，你就可以上传你撰写的论文了（图 3-59）。

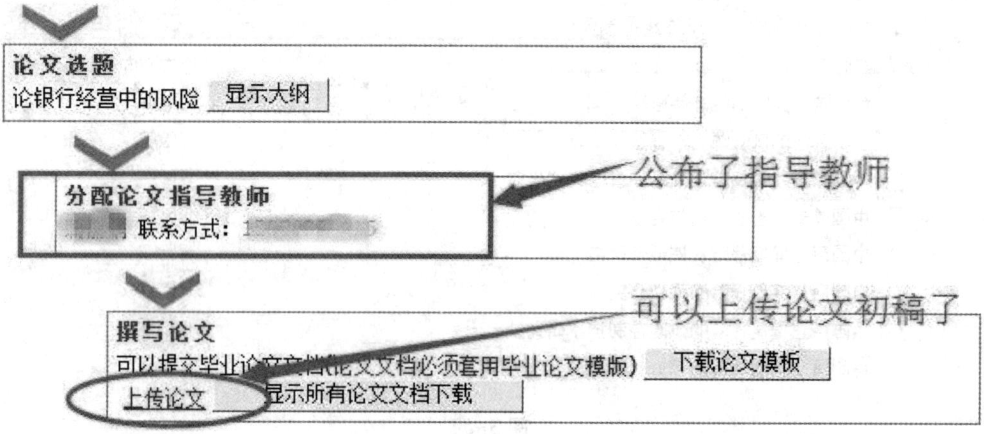


图 3-59

| |
|---|
| 特别提示：◇ 论文格式必须要按“论文文档必须套用毕业论文模版”中的要求进行排版。<br>◇ 撰写的论文要求正文最低不少于 6 000 字。<br>◇ 论文文档必须保存为. doc 格式的 Word 文档，方可上传。 |

④ 论文指导。

提交论文后，指导老师将在7~10个工作日内为你指导论文，写出相关评语。点击“显示所有论文文档下载”即可看到老师的相关指导和评语。你需要根据“指导评语”的内容来修改及完善你撰写的论文，并重新上传（见图3-60）。反复此过程，直至论文合格。

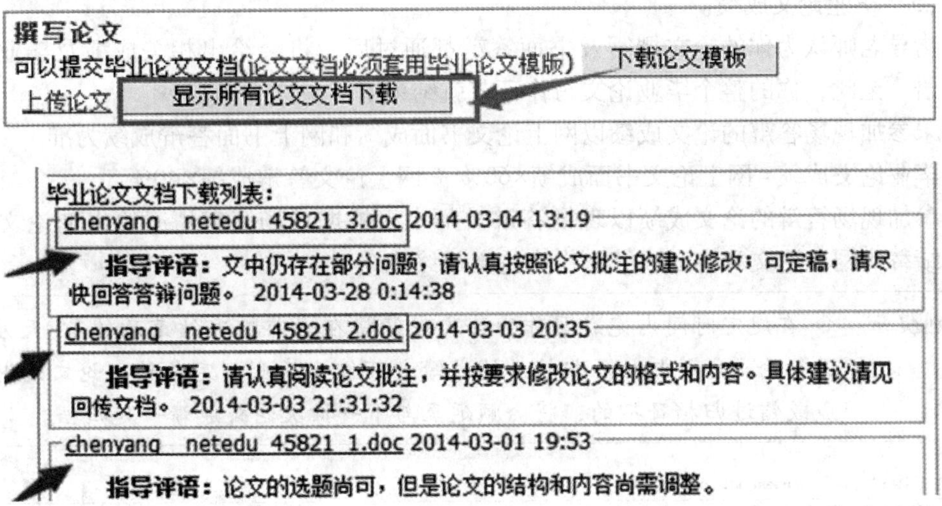


图3-60

温馨提示：
◇ 论文撰写及指导过程中，你可通过网上预留的指导老师手机号码与老师短信联系，如有疑问也可通过拨打学习支持服务热线4000810651进行咨询。
◇ 老师给出论文撰写成绩后，系统将自动关闭上传撰写论文的权限。
◇ 论文写作期间应随时关注论文指导评语，并根据指导内容及时修改及上传。

论文通过了指导老师的评审定稿后，老师将给出你的“论文撰写成绩”，并提出“书面答辩问题”。

（4）毕业论文答辩。

① 网上答辩。

点击“显示书面答辩问题”查看老师提出的书面答辩问题；点击“下载答辩模板”处的答辩稿模版，撰写填入书面答辩稿；上传书面答辩稿（见图3-61）。当指导老师认定书面答辩合格后，将会给出论文书面答辩成绩。

图3-61

② 抽取现场答辩。

系统按一定规则随机抽取部分学员参加学校本部或各学习中心组织的论文现场答辩。参加现场答辩人员名单将会以通知的形式在“西财在线”首页中公布，具体答辩地点由各学习中心统一短信或者电话通知。如你被抽取到现场参加答辩，请答辩当日携带准考证、身份证入场。

（5）毕业论文成绩。

指导老师认为你的论文撰写及书面答辩都通过后，将会给出相关成绩及毕业论文的评语。至此，你的整个毕业论文写作环节就结束了（见图 3-62）。

未参加现场答辩的论文成绩以网上论文书面成绩和网上书面答辩成绩为准。

毕业论文成绩=网上论文书面成绩×60% + 网上论文答辩成绩×40%

参加现场答辩的论文成绩以现场答辩教师小组根据现场答辩情况给出的论文和答辩成绩替代网上论文和答辩成绩，作为论文最终成绩。

> 特别提示：◇ 在规定时间内完成写作的论文成绩将在当前批次结束后的 15 天左右进行论文成绩归档。归档后的成绩方可作为毕业判定条件。论文超时完成或错过归档日期的，将会顺延至与下一批次论文成绩一起归档。

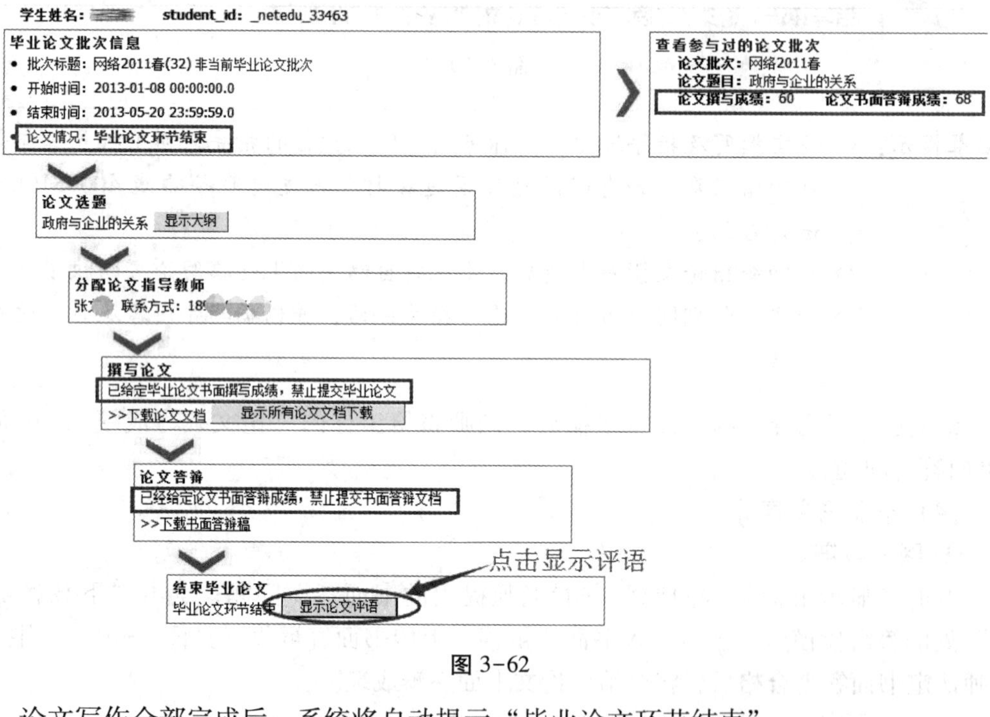


图 3-62

论文写作全部完成后，系统将自动提示“毕业论文环节结束”。

> 特别提示：◇ 请注意在通知规定的最后截止时间前，完成所有论文写作环节，否则论文成绩归档会延迟到下一个学期，影响毕业时间。

# 3.5 移动学习 APP

为方便学生利用碎片化时间，随时随地地学习，学院推出了“西财在线”移动学习 APP 客户端。学生通过 APP 可完成网上课件学习、阅读电子书和网上作业、查询教学计划和成绩、完成选课及约考、咨询留言等。

## 3.5.1 下载安装

进入学习平台后，可选择扫描右侧的二维码获取你需要的移动学习 APP 版本，安卓手机用户也可点击“直接下载”（见图 3-63）。

图 3-63

## 3.5.2 使用说明：（图片为 IOS 版截图）

“学习”中为当前在修课程，点击课程进入后可播放学习课件（见图 3-64）。

图 3-64

“作业”中点击课程名称查看该门课程作业的完成情况，电脑上没有完成的，可以在这里继续完成（见图 3-65）。

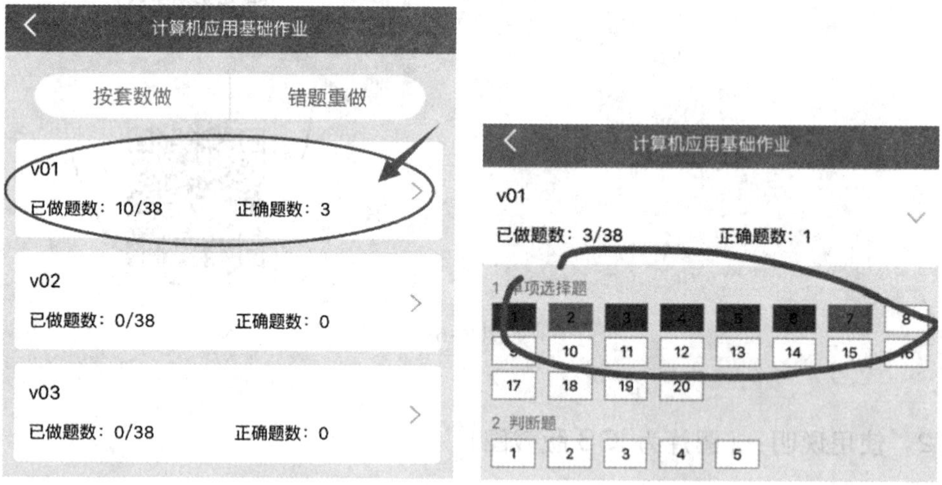


图 3-65

答题后可通过屏幕右上角的“提交”按钮（见图 3-66）或者将屏幕向左侧滑动进入下一题时即可保存作业（见图 3-67）。

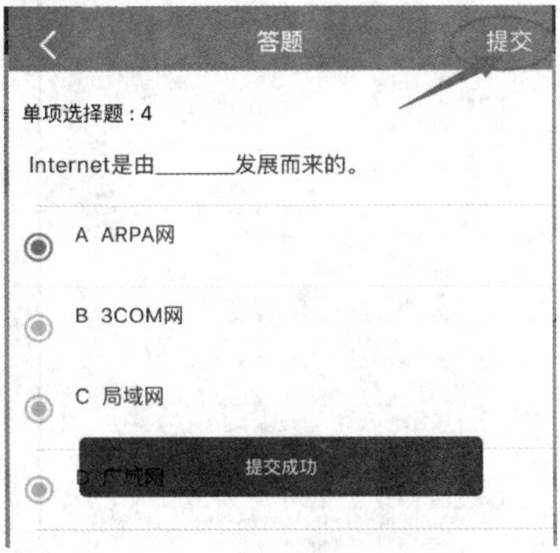


图 3-66

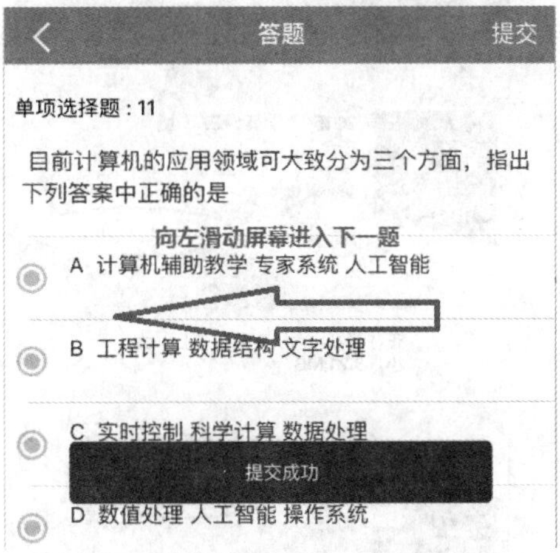


图 3-67

返回题板页面将屏幕向下滑动，刷新后即可查看最新答题情况（见图 3-68）。

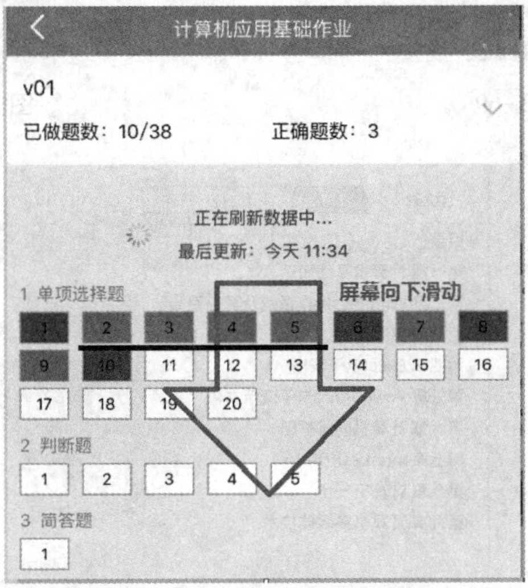


图 3-68

“教材”中可看到电子书的文件大小（下载使用的流量）。点击相应课程在提示窗口中确认“开始下载”，下载成功后即可阅读电子书了（见图 3-69）。二次登录阅读时将自动回到你上次阅读的位置（见图 3-70）。你在 APP 中阅读电子书时同样可以进行涂鸦、添加笔记和增加书签等功能（图 3-71）。

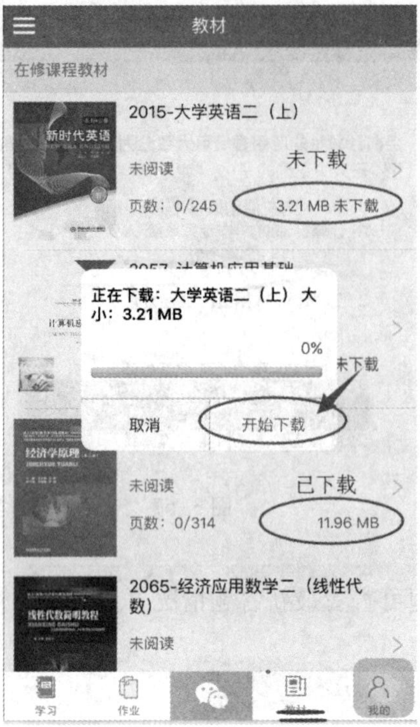


图 3-69

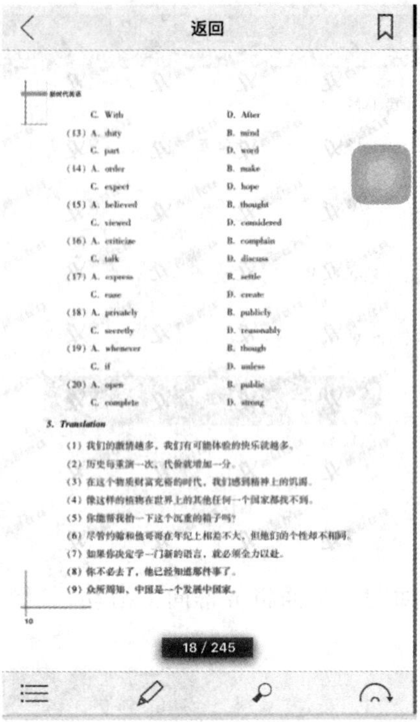


图 3-70

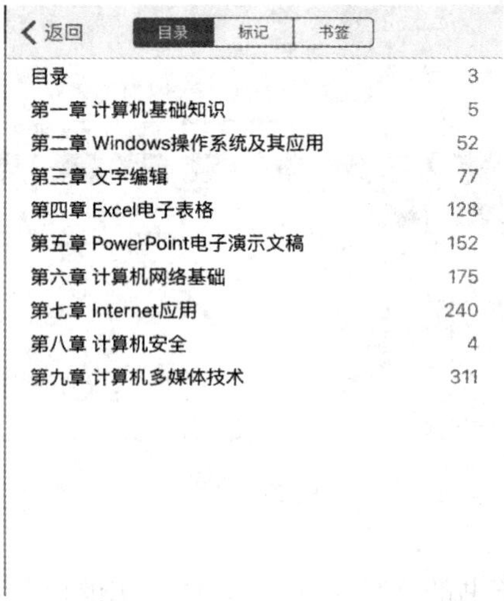


图 3-71

图 3-72 下方一排图标的功能如下：

点击☰按钮，查看课程目录；

点击🖊开始涂鸦标记；

点击🔍按钮，在页面顶部的搜索栏中输入需要查找的关键字，能快速找到所需要的内容；

点击◠按钮，快速定位页面。

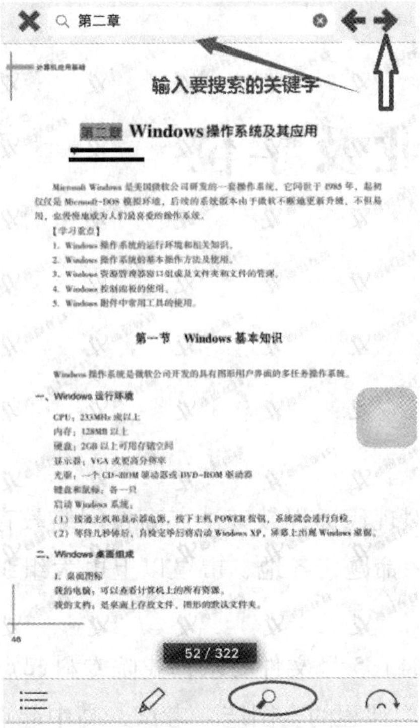


图 3-72

更多辅助功能可点击我的进行查看（如图 3-73 和图 3-74 所示）。

图 3-73

图 3-74

# 4 统考、毕业及学位

## 4.1 统考

### 4.1.1 全国统考

全国统考是指教育部对现代远程教育试点高校网络教育部分公共基础课实施的全国统一考试，由教育部统一命题，各地、市级以上电大组织的考试。所有统考科目成绩合格是毕业条件之一。

根据教育部教高［2004］5号文件要求，我院专科起点本科学生需参加大学英语（B）和计算机应用基础两门课程的全国统一考试，高中起点本科学生还需加考大学语文（B）。每门课程考试时间为90分钟，闭卷机考。

统考每年组织三次，分别在4月、9月、12月，在学籍有效期内，符合统考条件的，取得学籍的第二年起可进行报考。为有效利用考试资源，报考后有弃考行为的考生每个科目的报考次数限定为3次。考前2个月可在网上报名缴费，报考费用为35元/科，具体报名及考试时间由教育部网考委安排，请留意学院首页通知或官方微信推送内容。考点原则上在当地的区市级以上电大，报考时需选择具体的考点。

> 特别提示：◇ 建议你入学后可报考相关证书免试相应统考课程。
> ◇ 如果你符合免考条件，请尽快到学习中心办理相关手续。

全国统考流程如图4-1所示。

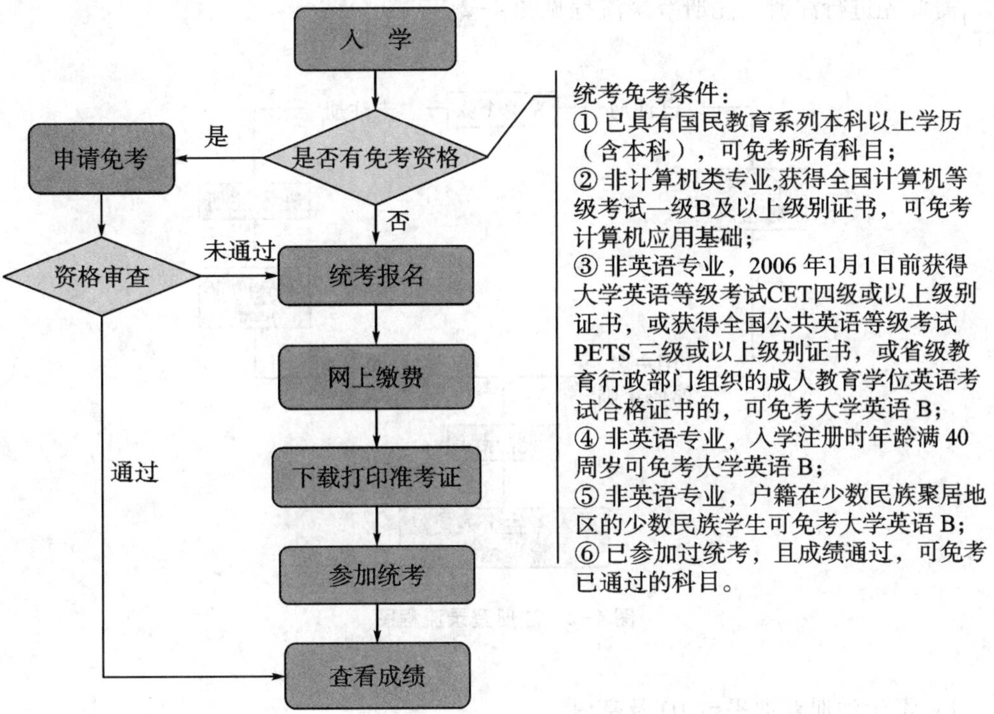


图 4-1 全国统考流程

### 4.1.2 全国统考免考办理

申请时间：每次统考报考期间均可申请办理。

申请免考步骤：

（1）根据免考条件准备相应的证件（如身份证、英语四六级证书、学位外语合格证、公共英语三级证书合格证、计算机等级证书、本科毕业证书）的扫描件。

（2）带证书原件到所属学习中心审查、审查通过后将申请表和扫描件交所属学习中心；

（3）统考成绩发布后可进入“考生个人信息管理系统—考生报考—免考信息”查看审核结果，或在“学业中心—成绩”中查看。

《统考免考申请表》可在“西财在线—下载中心—公共文档”中下载。

### 4.1.3 网络教育统考网上报考、缴费操作指南

1. 考生个人信息管理系统注册

统考系统即“考生个人信息管理系统”。“考生个人信息管理系统”为考生提供基本信息查看、成绩信息查看、历史报考信息查看、打印准考证、考生个人报考、报考信息查看、免考信息查看、报考科目确认等功能。首次登录“考生个人信息管理系

统”，需要先进行注册。注册登录流程见图 4-2。

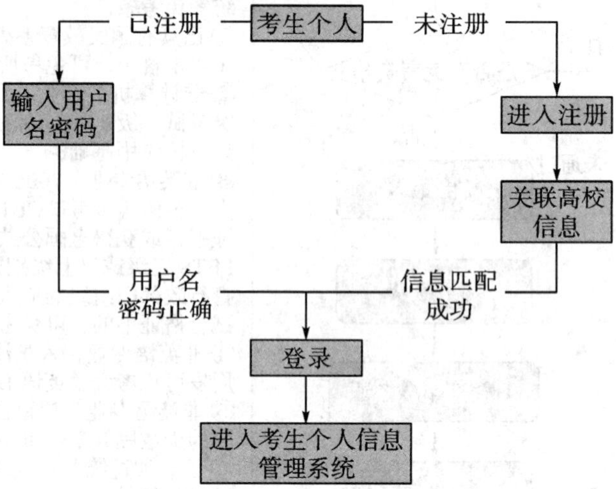


图 4-2　注册登录流程图

（1）考生注册获取平台 ID 及密码。

第一步：登录中国现代远程与继续教育网（http://www.cdce.cn），从“网院考生入口”进入“考生个人信息管理系统”登录页面（见图 4-3）。

图 4-3

第二步：未注册考生通过点击注册按钮，进行基本信息的注册。考生需要填写自己的用户名、登录密码及校验码进行注册，注意填写真实有效的邮箱、手机号、证件号来进行注册（见图 4-4）。

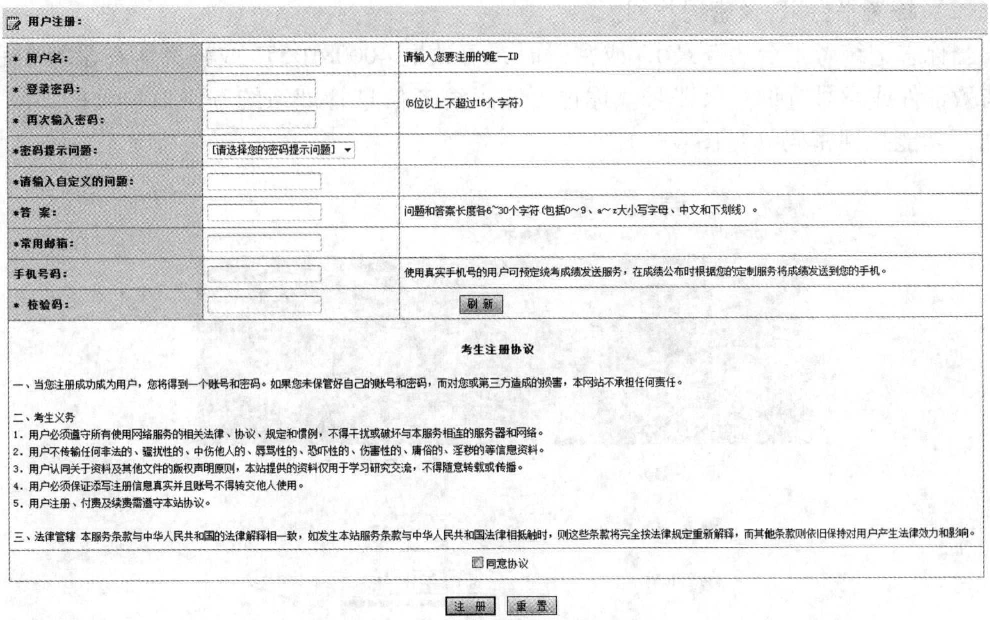


图 4-4

第三步：选择“西南财经大学网院”，填写有效的学号、证件号，输入校验码，并确认（见图 4-5、图 4-6 和图 4-7）。

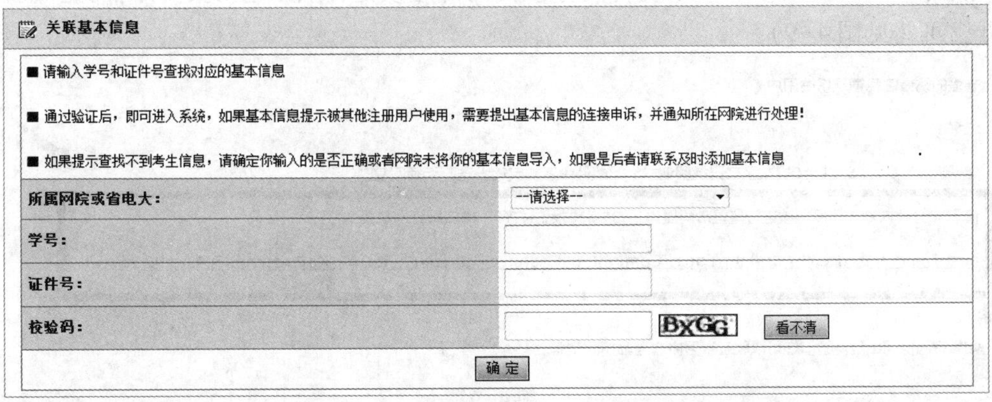


图 4-5

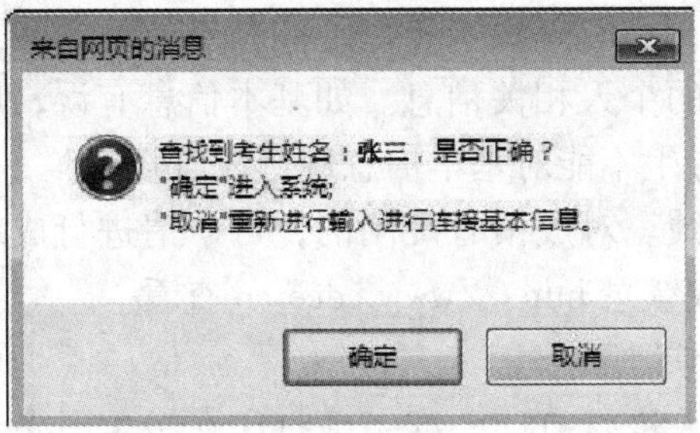


图 4-6

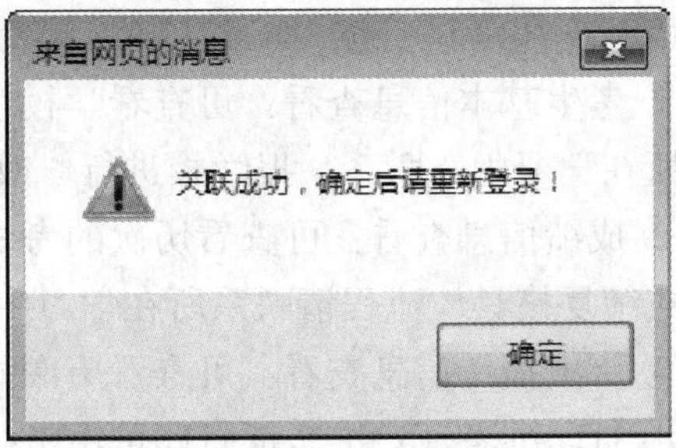


图 4-7

（2）统考平台 ID 及密码找回。

当你忘记统考平台的登录 ID 或密码时，可致电 4000810651 或咨询所在学习中心，凭有效证件或学号查询登录账号。你也可通过统考信息管理系统登录窗口处的“密码找回”功能找回密码（见图 4-8）。

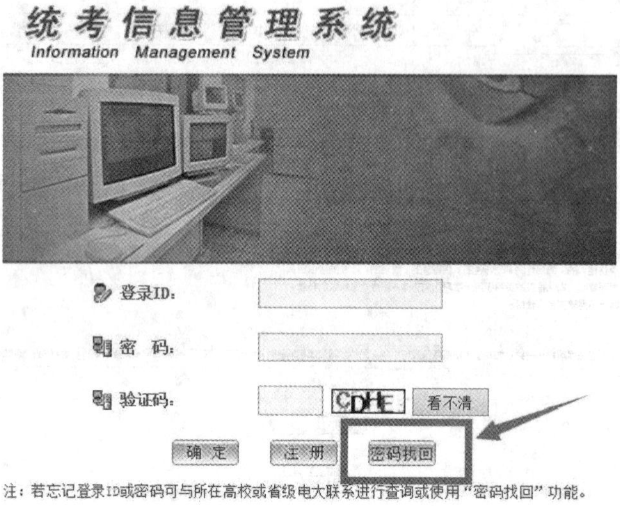


图 4-8

点击“密码找回”后，系统将向你预留的邮箱发送邮件，在规定时间内完成验证即可找回（见图 4-9）。

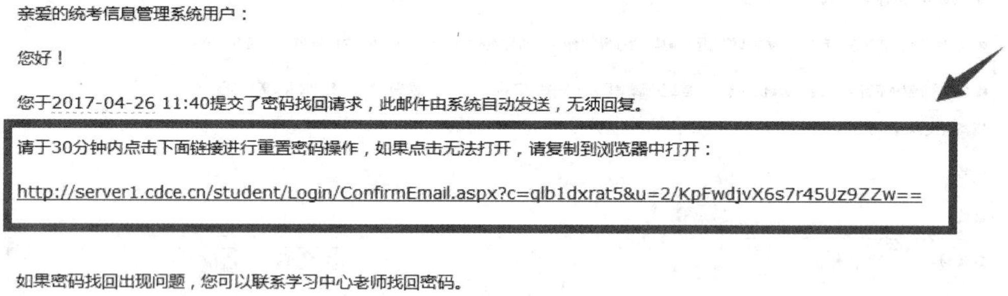
亲爱的统考信息管理系统用户：

您好！

您于2017-04-26 11:40提交了密码找回请求，此邮件由系统自动发送，无须回复。

请于30分钟内点击下面链接进行重置密码操作，如果点击无法打开，请复制到浏览器中打开：

http://server1.cdce.cn/student/Login/ConfirmEmail.aspx?c=qlb1dxrat5&u=2/KpFwdjvX6s7r45Uz9ZZw==

如果密码找回出现问题，您可以联系学习中心老师找回密码。

图 4-9

2. 考生信息查看

（1）考生考试信息。

① 考生基本信息查看：可查看学校注册的个人相关信息。如基本信息有误，应及时与所在学习中心联系，报学校进行修改。考生不能对基本信息进行任何修改。

② 成绩信息查看：可查看历次的考试成绩。对成绩有疑问的，可申请进行成绩复核。成绩复核具体流程请联系所在学习中心或登录 http://www.cdce.cn 查看。

③ 历史报考信息查看：可查看历次的报考记录。

④ 打印准考证：准考证打印可由考生个人进行打印。准考证打印在考生报考和缴费后方可进行，准考证打印时间详见 www.cdce.cn 公告通知，并附有“打印准考证操作

指南”提供学生下载准考证的使用方法（见图 4-10）。

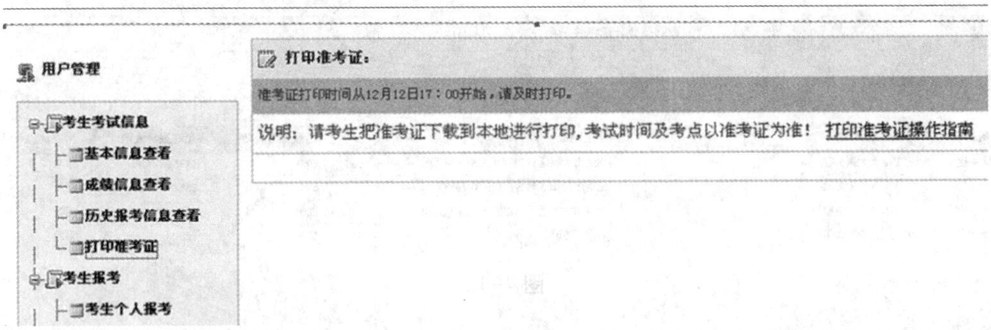


图 4-10

（2）注册信息修改。

① 密码修改：考生可通过此功能修改注册的密码。

② 注册信息修改：考生可修改登记的电子邮件及手机号。

3. 考生个人报考

报考时请注意：统考报考开放期间的第一天和最后一天由于报考人数较多，经常会出现网络拥堵，导致统考“考生个人信息管理系统”登录缓慢的情况。你可以避开高峰时段或者尝试多登录几次。

（1）异地报考。

根据教育部网考委的规定，报考考点只能选择所属学习中心所在省（市、自治区）设立的考点。如个人因特殊原因确实需要跨省异地考试的学生，必须在每次统考报考前的规定时间内先向所属学习中心申请。由学校报网考委审批通过后，方可跨省报考。

（2）报考前工作准备。

了解网上支付相关银行，查看支付说明，点击“进入报考信息添加”（见图 4-11）。

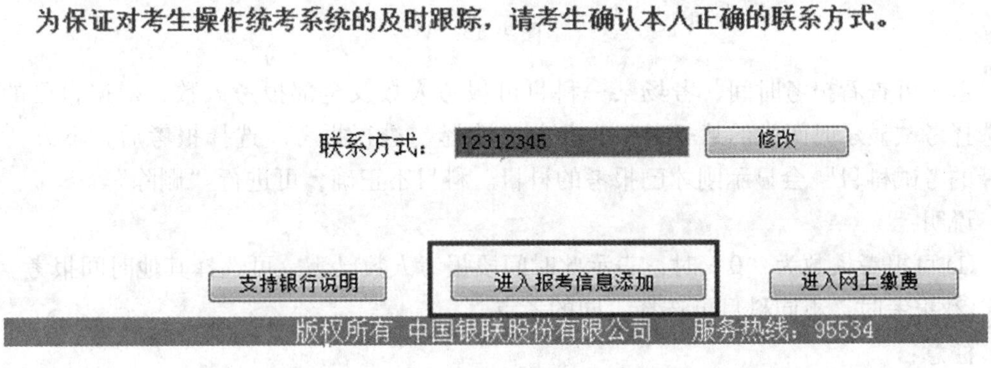


图 4-11

（3）选择考点。

通过“考生个人报考”功能，在此页面中选择要报考的省市、考点（见图 4-12）。

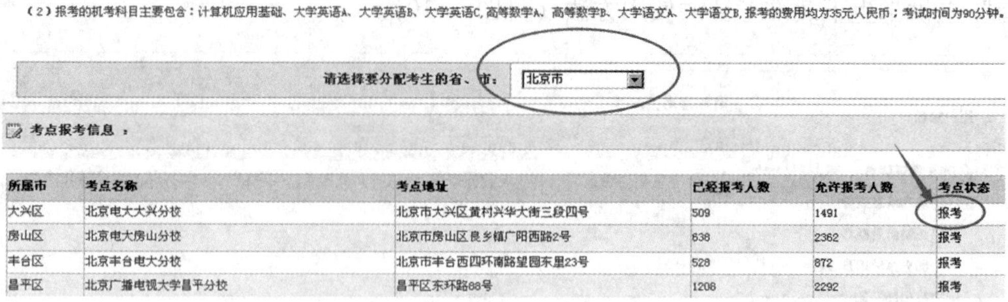


图 4-12

如果考生选择考点省份与学习中心所在省份不一致，需选择异地报考的原因。

（4）添加报考科目。

考生选择报考考点后面的蓝色“报考”字样，进入报考科目界面（见图 4-13）。

图 4-13

考生可查看报考时间、考场某一科目可报考人数及全部报考人数，根据自己的时间选择考试显示时间内的某一时刻，点击“选择”进行报考。选择报考后，下方“已选择的考试科目”会显示刚才已报考的科目。科目不正确，可进行“删除”。

说明：

① 可报考人数为“0”时，表示此时间段报考人数已满，可选择其他时间报考。

② 报考时，不同科目可选择不同的考点。

注意：

① 提交报考信息 30 分钟内，需进行缴费。超时后，系统将自动清除选择的考试时间。

② 报考科目考试时间不能选择同一时间。

③ 同科目不同级别在同次考试中只能报一门。如大学英语 A、B、C，只能报其中一门。

④ 已合格科目或免考科目不能再次报考。

⑤ 作弊替考考生取消考试资格，不能进行报考。

⑥ 考生报考的科目，必须由考生完成缴费。

考生添加报考信息，如发现报考科目或考试时间错误，可通过“报考信息查看”功能进行修改或删除，重新添加报考信息（见图 4-14）。

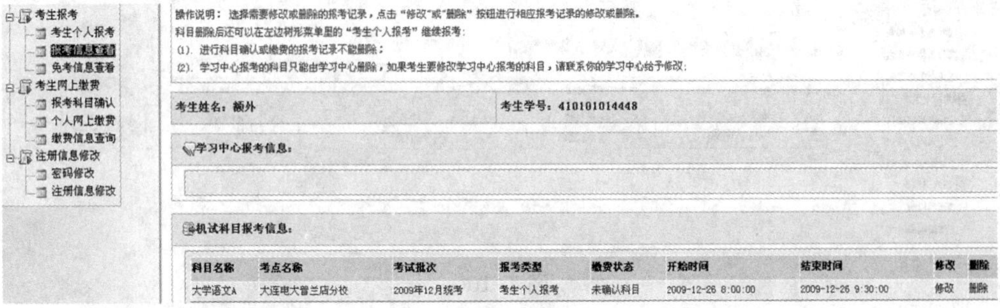


图 4-14

“报考信息查看”功能可查看所报考的考点、报考科目、报考类型、缴费状态等信息（见图 4-15）。

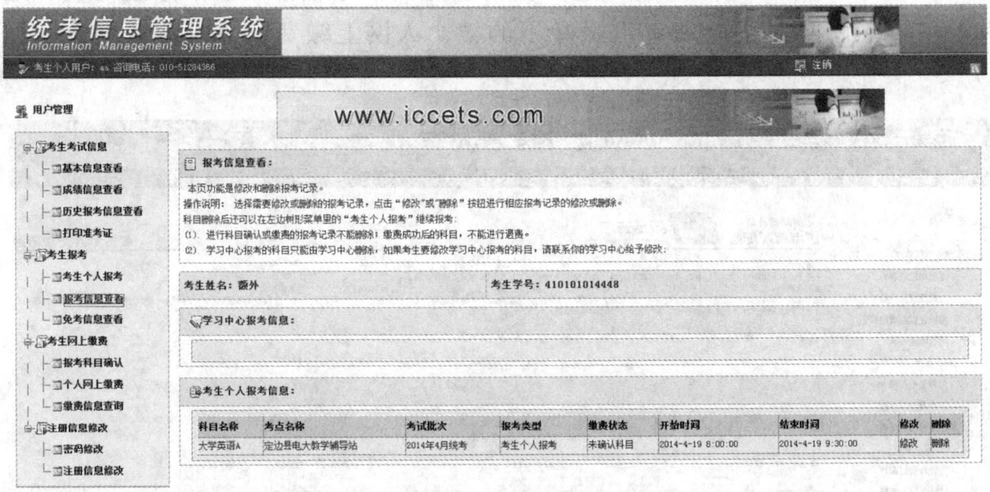


图 4-15

完成个人报考工作后，点击“考生网上缴费—个人网上缴费”进入缴费页面。

第一步：点击“考生网上缴费—报考科目确认”对报考科目进行确认，生成相应缴费清单（见图 4-16）。

图 4-16

科目确认是对所有报考科目进行确认，可以选择部分或全部进行缴费，生成缴费单。确认完成后，如果有未确认的，可以再次进行确认。确认报考科目时，如发现报考类型为学习中心报考，请及时联系学习中心进行科目确认及缴费。或通知学习中心删除报考科目，由考生本人完成报考及缴费操作。

第二步：科目确认完成后自动进入缴费主界面。考生再次登录系统时，可通过个人查询系统中"考生网上缴费"菜单下的"个人网上缴费"进入缴费页面（见图4-17）。

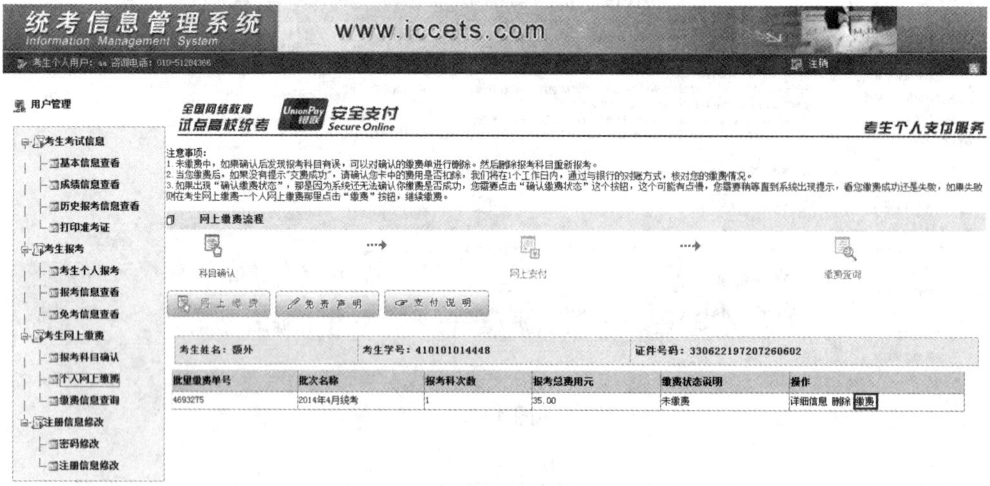


图 4-17

缴费单状态说明：

① 未缴费：未缴费状态指考生未完成缴费，需要对缴费单进行网上支付操作。

② 缴费中：当发起交易收不到银行回复时，此时无法判断交易是否成功，缴费状态将处于"缴费中"，考生到"个人网上缴费"功能下点击"确认缴费状态"，系统将

再次提交交易到银联进行查询。如果收到状态为成功，那么缴费单自动改为“已完成缴费”；如果仍收不到回复，缴费状态仍会处于“缴费中”，考生稍后再次点击“确认缴费状态”；如收到缴费状态为失败，那么缴费状态显示为“未缴费”，考生需要重新缴费。

③ 已完成缴费：已完成缴费状态指已经完成交易。此时不需要再点击“报考科目确认”或“个人网上缴费”。

在确认所有缴费科目及费用后，点击“缴费”按钮，进入缴费协议须知页面，选择“同意”后，方可进行网上缴费。

第三步：网上支付。系统自动生成了订单号，考生需记住此订单号，以方便进行查询（见图 4-18）。

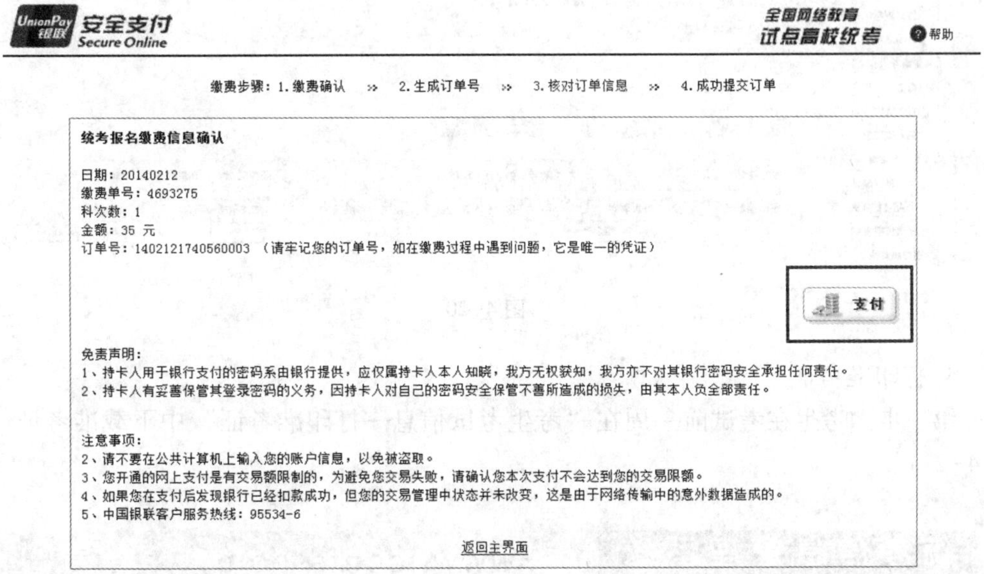


图 4-18

点击“支付”进入支付页面，选择交易银行，将进入银行界面，根据提示进行交易（见图 4-19）。

图 4-19

30 分钟内，考生未完成缴费的，系统将自动清除已分配的座位。对于座位清空的考生，请点击“返回”，进入“报考信息查看”界面手动选择考试时间。

第四步：缴费信息查询。考生缴费完成后，可通过个人查询系统中“考生网上缴费”菜单下的“缴费信息查看”进入查看页面，或通过“报考信息查看”确认科目缴费完成情况。缴费状态显示为“个人缴费完成”表示已完成缴费操作。

如已完成缴费，但“缴费状态说明”中显示为“缴费中”，可进行“确认缴费状态”（图 4-20），并确认“确定发起交易查询”。

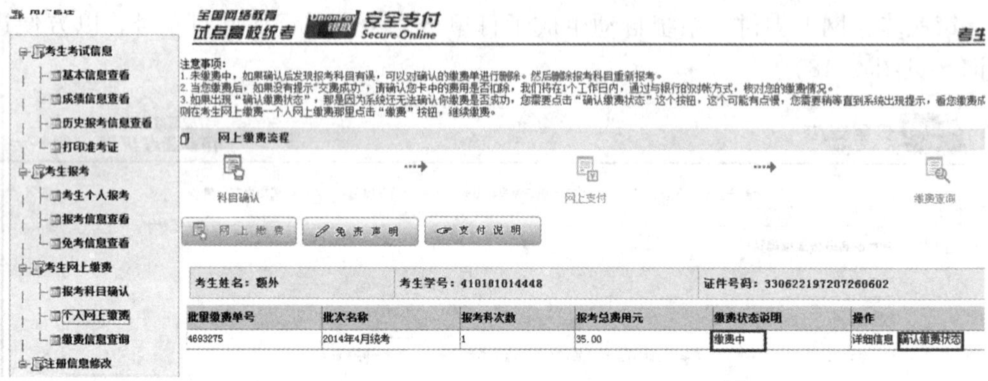


图 4-20

4. 打印准考证

第一步：考生在考试前一周在“考生考试信息—打印准考证”中下载准考证（见图 4-21）。

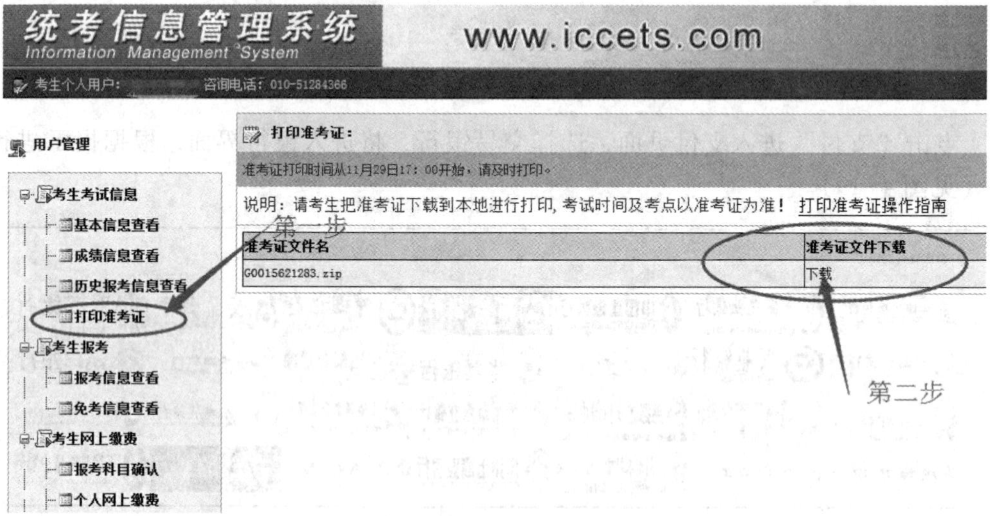


图 4-21

第二步：右击压缩包文件，点击“解压到‘压缩包的文件名’”（见图 4-22）。

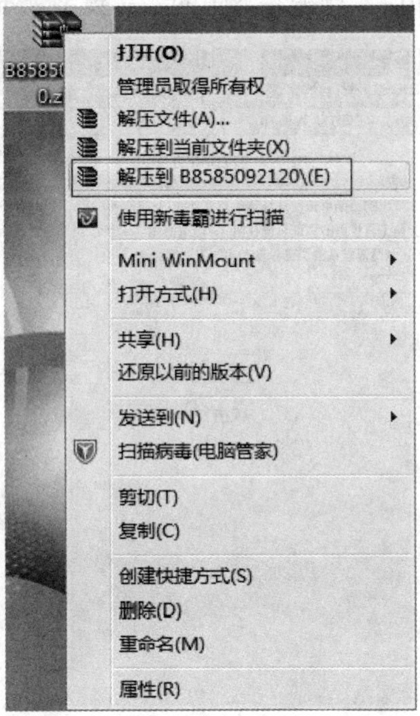


图 4-22

第三步：打开所解压的文件夹，可以看到一个 data 文件夹与一个 *.htm 网页文件。右击“*.htm”文件，选择打开方式必须为 Internet Explorer 浏览器（见图 4-23）。

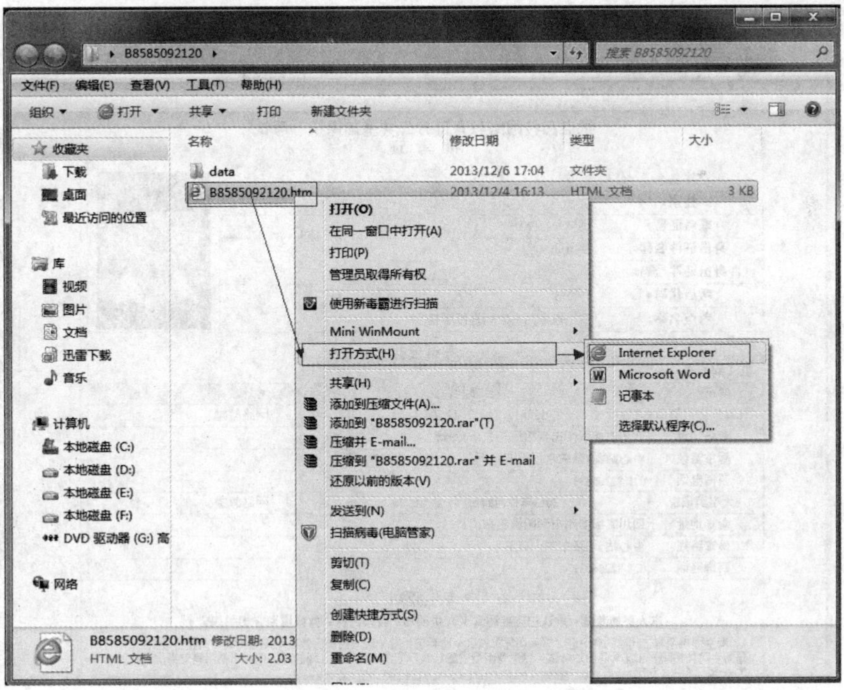


图 4-23

第四步：看到打印须知后，点击右下角的一串数字（准考证号）（见图 4-24）。

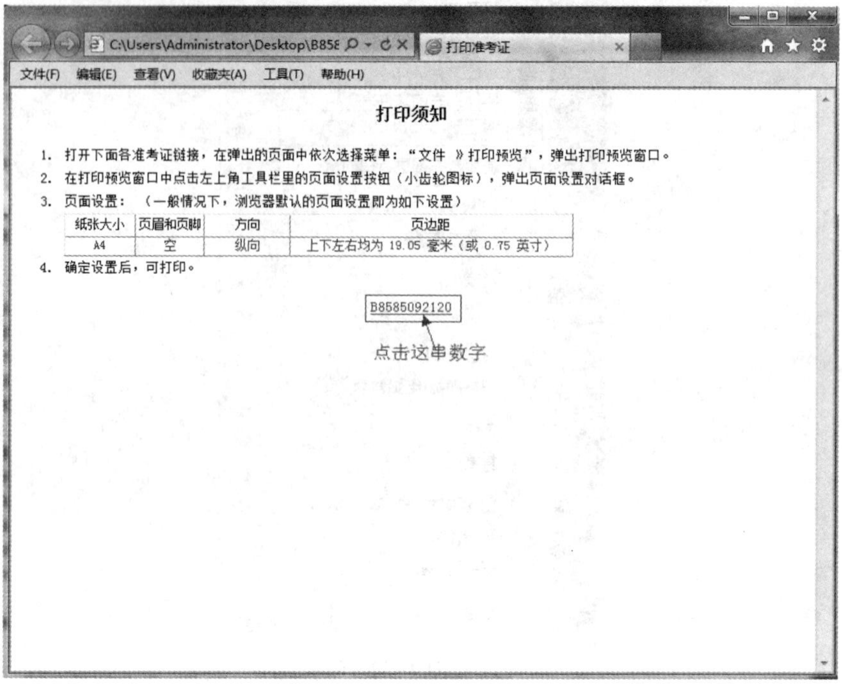


图 4-24

第五步：打印此页面的准考证（见图 4-25）。

图 4-25

注意：①如果机器上装有杀毒软件，如安全卫士之类的，先关闭掉。

②如果是 IE8 以上版本，点击在 IE 浏览器“工具”下拉菜单中的“兼容性视图设置”，将“在兼容性视图中显示所有网站”前面把“对勾”选上（如图 4-26 所示）。

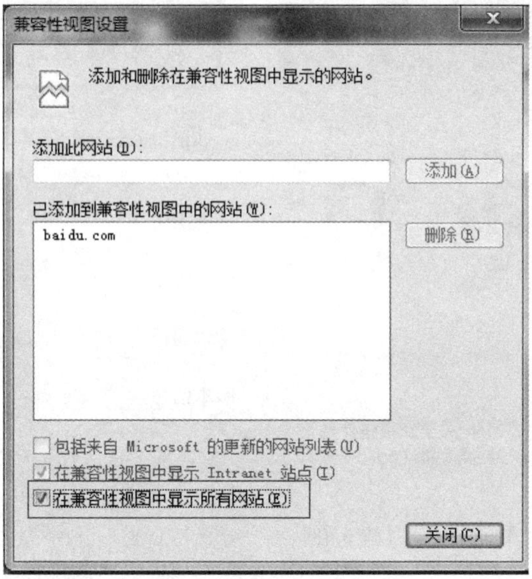


图 4-26

### 4.1.4 “网络统考”APP

“网络统考”APP 是教育部网考办提供的关于网络教育统考课程模拟考试、科目练习、知识点练习、试卷下载、试题收藏、考试记录、统考成绩查询、免考信息查询、统考公告、考试大纲等功能的移动学习客户端。

| |
|---|
| **特别提示：**◇ 由于电脑版统考练习系统环境配置较为复杂，推荐使用 APP 进行模拟练习。 |

1. 下载安装

考生可登录中国现代远程与继续教育网（http://www.ccets.com/）下载“网络统考”APP 或扫描下方二维码安装（如图 4-27 所示）。

图 4-27

2. 注册账号（以下为 IOS 版操作截图）

“网络统考”账号需考生自行注册（与统考报考账号及“西财在线”用户登录账号无关），未注册考生通过点击“我的—注册”中输入相关信息进行账号注册（见图

4-28、图 4-29 和图 4-30）。

图 4-28

图 4-29

图 4-30

3. 操作说明

“学习”中分别为“科目练习、知识点练习、模拟考试”（见图 4-31）。

图 4-31

（1）在“统考练习”板块中任一功能点击进入后，选择课程名称进入该科目练习（见图 4-32）。完成练习题后可查看答题情况（见图 4-33）。

图 4-32

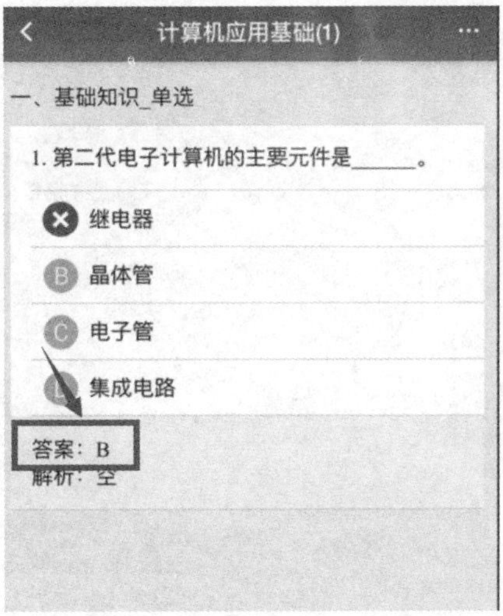


图 4-33

（2）“模拟考试”中选择相应考试科目即可进入该门课程考试（见图 4–34），在“开始考试”界面可查看课程总分、考试时间、试卷总题数等相关信息（见图 4–35）。

图 4–34

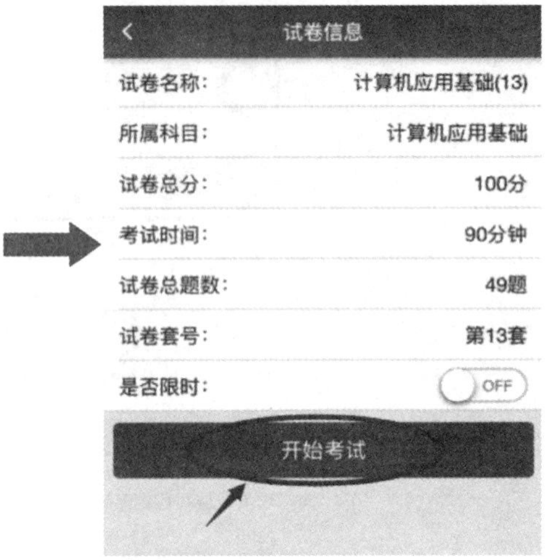


图 4–35

在答题过程中，如果遇到需要有针对性或需要再次加强的题，可通过下方“收藏”按钮进行收藏，以便日后反复练习。答题完成后可点击屏幕右下角的“交卷”按钮即可完成交卷（见图 4–36）。

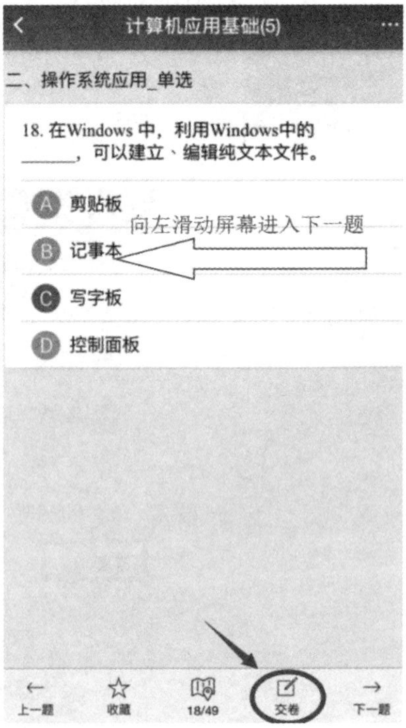


图 4–36

通过“我的试题—答题记录”可查看具体答题情况（见图 4-37 和图 4-38）。

图 4-37

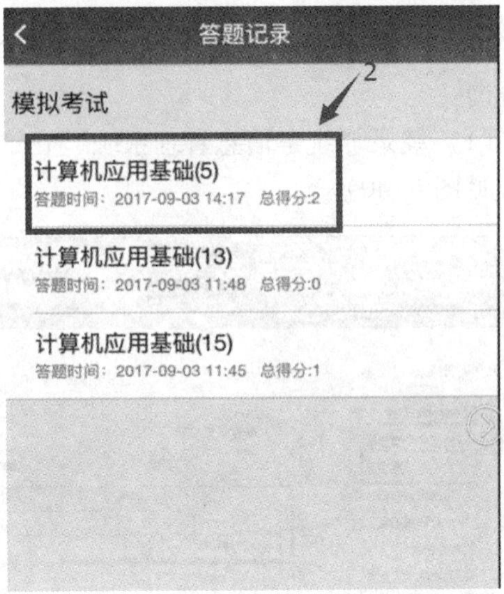


图 4-38

模拟考试过程中的错题可在“我的错题”菜单反复练习，直至答对为止（见图 4-38）。

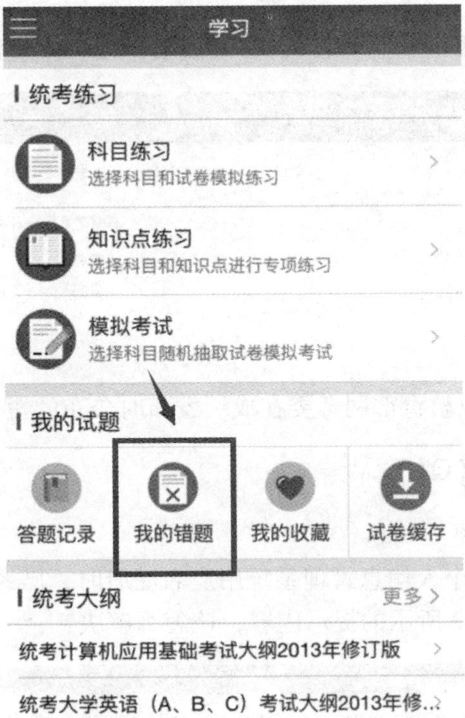


图 4-39

更多辅助功能可点击 ☰ 进行查看。

### 4.1.5 统考成绩查询

统考结束35天后，教育部网考委将会公布考试成绩，考生可通过以下几种方式进行查询：

（1）登录“统考信息管理系统”在“考生考试信息—成绩信息查看”处查询到成绩（见图4-40）。

图4-40

（2）登录“西财在线—学业中心”，在“成绩”专栏中查询（见图4-41）。

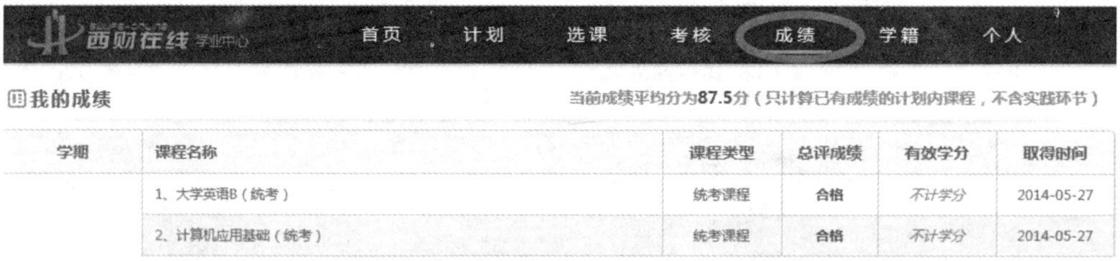


图4-41

（3）短信查询：请以教育部网考委在成绩发布时公布的短信查询方式及资费为准。

### 4.1.6 常见问题解答（QA）

1. 个人注册常见问题

Q：在进行统考考生个人信息管理系统用户名注册时，已经注册成功了，在关联基本信息时却出现如图4-42所示的提示内容，该怎么解决？

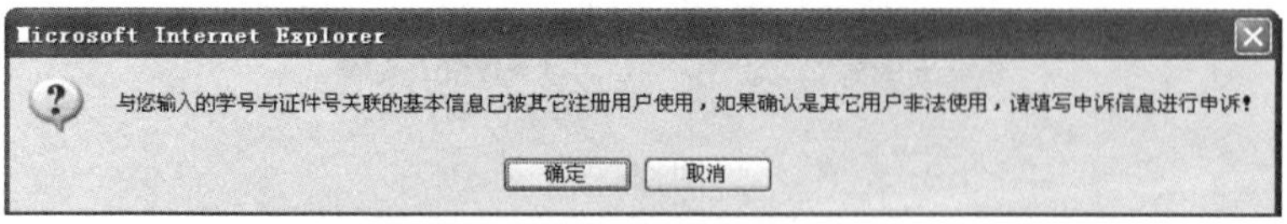


图4-42

A：点击“确定”填写提交关联申诉信息，由学校或学习中心处理，学校删除关联申诉后可重新注册。

2. 报考管理常见问题

Q：我已经缴过费了，现在发现有漏报的科目，还可以再进行报考吗？

A：可以的。流程与正常报考一样。

Q：发现报考科目有误，删除后在报考科目查询里还能查看到该科目，无法删除怎么办？

A：对于学习中心报考的科目考生是不能进行删除的，需要与学习中心联系，由学习中心进行删除。

Q：我的报考信息是学习中心上报的，我在个人信息查询系统进行报考信息查看时，发现我的报考信息中有漏报的科目，我还可以再补报吗？

A：可以的。流程与正常报考一样。

Q：报考科目的添加不能进行是什么原因？

A：请确认你所报考的科目是否已合格，或该科目已报考或已免考；如提交过报考科目申诉，学校或中心还未处理，也不可以进行报考；另外，学习中心已报考科目考生不能再次报考；互斥科目（例如大学英语 A 和大学英语 B）不能同时报考；已免考或已考试合格的科目不能再次报考。

3. 缴费管理常见问题

Q：网上缴费能否保证安全，缴费后可以查询交易记录吗？

A：网上缴费是很安全的，只要缴费成功了，可以直接通过网上银行查询交易记录。

Q：如果考生本人由于特殊原因不方便进行网上缴费，可以由学习中心代缴吗？

A：可以的，可以由学习中心代缴，但必须删除个人报考科目，由学习中心重新进行报考后，再缴费。

Q：网上缴费收取手续费吗？

A：为了尽量不给考生增加负担，网上支付是不收取任何手续费的。

Q：可不可以集体缴费和考生个人缴费同时进行？

A：不可以，考生报考需由考生个人完成缴费，同理，学习中心报考，必须由学习中心完成缴费。

Q：查询到银行卡上的钱已扣除，但缴费状态仍是“未缴费”，请问怎么办？

A：建议重新进行缴费，多扣的费用银行会在一周内退还到原银行卡中。

## 4.2 毕业

如你在学籍有效期内修完本专业教学计划规定的全部课程，修满规定学分，通过了网络教育公共基础课程全国统考，即可毕业。我们将为你颁发西南财经大学成人类的毕业证书，注明“网络教育”，毕业信息将报教育部进行电子注册，国家承认学历。

1. 毕业条件：

（1）修满所学专业教学计划规定的学分。

（2）专科和专升本满足学籍学习年限最短 2.5 年（高起本 5 年），最长 6 年的要求（高起本 8 年）。

（3）本科层次学生须参加教育部组织的大学英语 B 及计算机应用基础统考，且成绩合格；高起本学生还需加考大学语文 B，且成绩合格。

（4）参加所属学习中心组织的新华社电子图像信息采集，并在学信网上校对无误。

（5）完成毕业生登记表填写及提交。

2. 毕业批次

根据教育部学历注册时间安排及规定，一年分为春季和秋季两个毕业批次。春季毕业批次的毕业证书预计发放时间为 1 月中旬，秋季毕业批次的毕业证书预计发放时间为 7 月中旬。如果你错过了当前毕业批次，将只能在下一毕业批次才能毕业。

3. 毕业流程

图 4-43 为毕业流程信息。

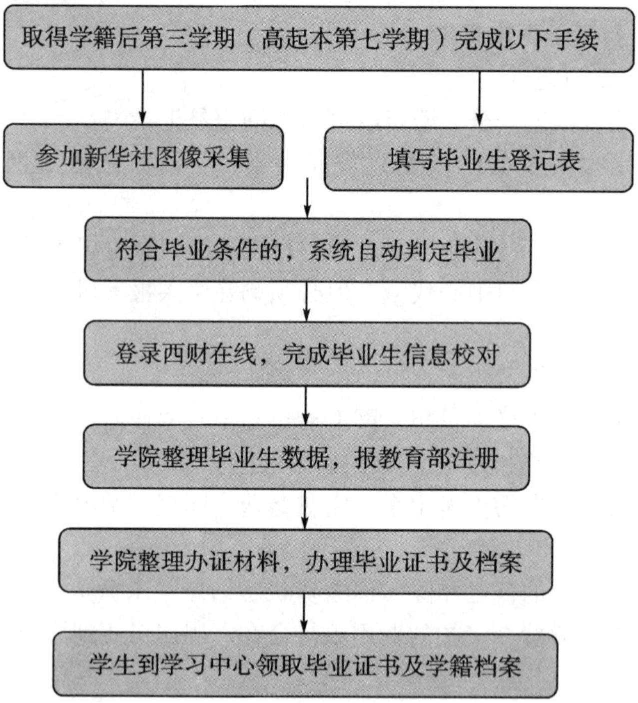


图 4-43

### 4.2.1 毕业资料

1. 毕业生图像信息采集

根据教育部规定，高等教育毕业生照片须与注册学历证书一同上网，所以学生在毕业前必须参加毕业生图像采集。采集的纸质照片将用于粘贴毕业生登记表、申请学位等，电子照片将用于学历证书电子注册使用。如果学生在毕业前未进行毕业生图像采集或采集后未上网校对，其学历证书将无法通过教育部的毕业生电子注册。

采集流程如下：

（1）学习中心与当地新华社机构联系确定拍照时间和地点。

（2）学习中心通知学生具体的拍摄时间及地点。

（3）学生根据确定的拍摄时间，在指定地点参加拍摄。

2. 毕业生图像信息补采集

未能参加站点集中组织图像采集的，可通过以下两种方式补拍。

（1）自行前往新华社各省分社图像采集中心进行零散拍摄。

各省分社联系电话、地址及拍摄时间可在学信网上进行查询或咨询所属学习中心。操作流程如下：①根据各省安排，持本人身份证、学生证到当地新华社分社图像采集中心补拍。②采集时机读卡填涂时请注意填写学校代码 10651，院系代码不填。③补拍后收到的纸质照片应妥善保管。补拍费用为 50 元（采集费用 30 元 + EMS 快递邮寄费 20），对接学信网时间为 90 天左右。

（2）到新华社网站提交个人照片。

操作流程如下：①登录新华社网站（http://www.xinhuacu.com/unistu.php? m = Index&a = index），先完成“注册”。②登录填写个人基本信息，按要求上传照片（见图 4-44）。③新华社审核上传照片。通过后，新华社制作纸质照片，邮寄给本人。④一周后登录学信网校对毕业图像采集相关信息。所需费用为 60 元，自行网上缴费。对接学信网时间为 7 天左右。

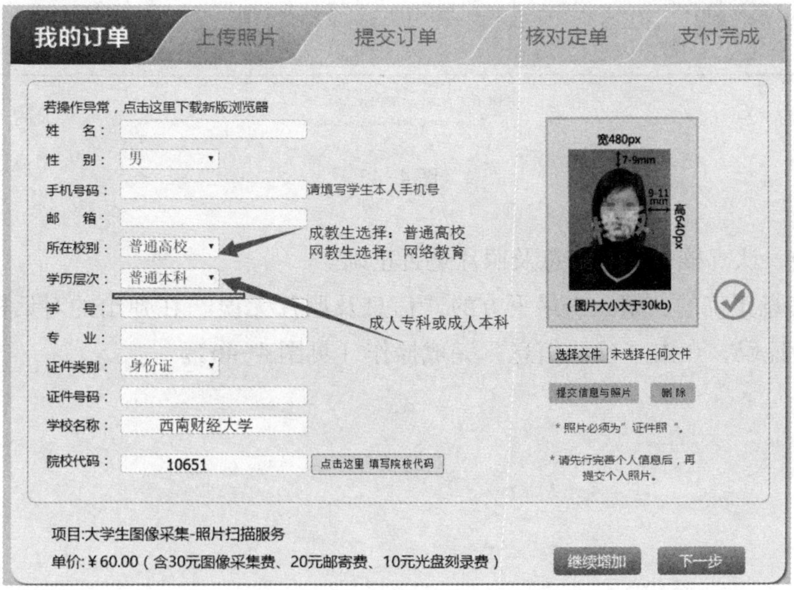


图 4-44

收到的纸质照片，请妥善保管，可用于粘贴毕业生登记表，拟申请学位者，可作为申请材料。

3. 毕业生登记表

如你是专科或者专升本的学生请在取得学籍后第三学期（高起本第七学期）到所在学习中心领取填写纸质的毕业生登记表。

| |
|---|
| 特别提示：◇ 如你毕业时未填写毕业生登记表将会影响到你的毕业证书制作及发放，建议在读期间及时完成。 |

4. 毕业生信息校对

校对时间：每年的 3 月、6 月、9 月、12 月（具体时间以“西财在线”首页通知为准）

操作流程如下：

第一步，登录学习平台后系统将自动跳转到“校对页面”（如图 4-45），完成毕业生信息校对后方可进行其他操作。

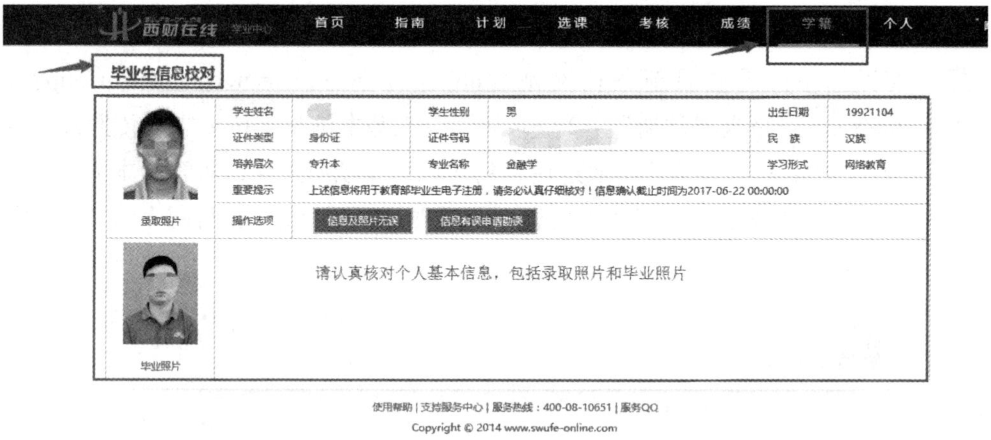


图 4-45

第二步，认真核对本人信息及照片是否正确。

（1）信息正确的，请点击最下方的“信息及照片无误”在弹出的对话框中输入收到的手机验证码，点击“确认信息”完成操作（见图 4-46）。

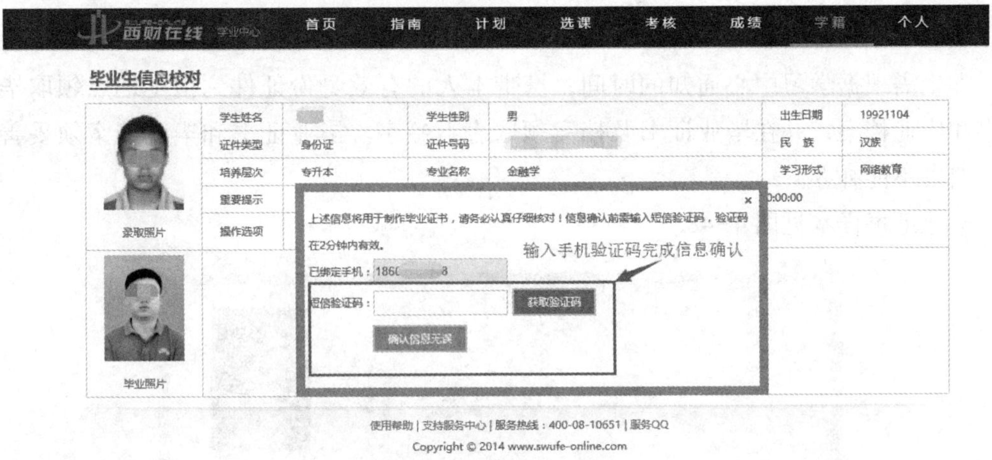


图 4-46

（2）信息有误的，请点击“信息有误申请勘误”，输入需要勘误的内容后提交（见图 4-47）。

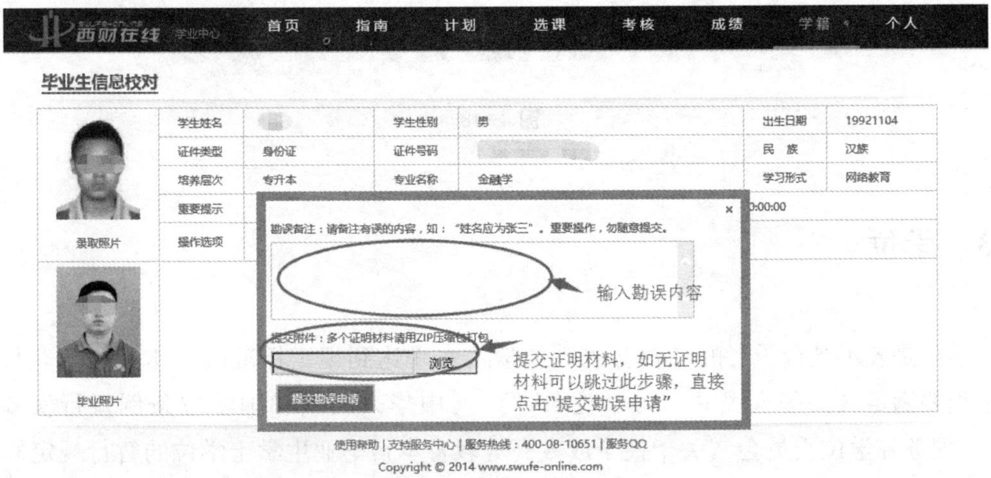


图 4-47

提交过“信息勘误”的同学，应及时联系所在学习中心或者函授站点老师进行更正。勘误完成后学生将收到再次校对的短信，请在校对截止前再次登录核对，并确认“信息及照片无误”。

注意：该信息将作为毕业生学历注册及毕业证书办理依据，各位同学务必认真、仔细、及时核对。若未在规定时间内完成校对数据，而导致毕业证书及学历注册信息有误的，由学生本人承担相关责任。

### 4.2.2 毕业证书领取

学生需根据学习中心通知的时间，携带本人的有效身份证件到指定地点领取毕业证书和毕业档案，并在毕业证书及档案领取表上签字。毕业证书和毕业档案须妥善保管，遗失不能补办。

毕业证书样本见图 4-48。

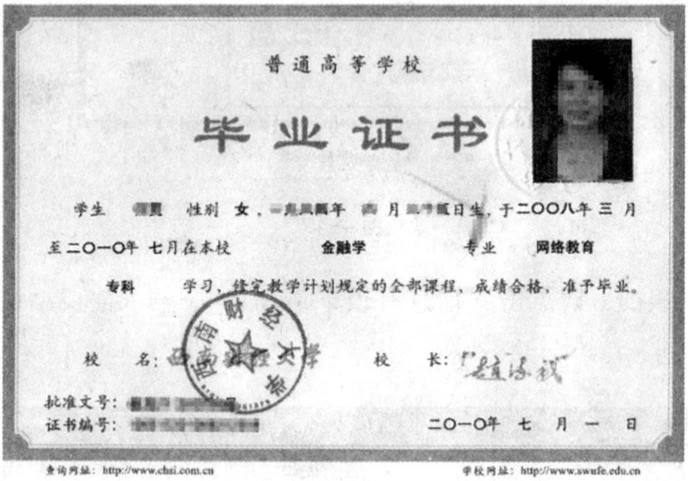


图 4-48

## 4.3 学位

学位是表示被授予者的受教育程度和学术水平达到规定标准的学术称号。获得学位必须要满足《中华人民共和国学位条件》《中华人民共和国学位条例暂行实施办法》、国务院学位委员会《关于授予成人高等教育本科毕业生学士学位的暂行规定》及《西南财经大学高等学历继续教育本科毕业生学士学位授予实施细则》等文件要求。

### 4.3.1 学位申请

学位申请时间为每年 4 月底和 10 月底，具体时间请关注“西财在线”首页相关通知。学生需要根据通知要求，在规定时间内，进行网上学位申请操作，并向学院提交相关申请资料。学院在收到申请材料后进行审核，符合学位申请条件的上报四川省学位办；不符合条件的，材料退回给学生本人。

1. 学位申请条件

（1）在读期间，未违反学术诚信且未触犯刑法受到处罚。

（2）考试课程总平均成绩不低于 75 分（不含论文成绩）。

（3）获得本科毕业证书未超过两年。

（4）同一学历只能申请一次学士学位，之前申请未通过者不可二次申请。

（5）取得学籍至申请学位前，参加成人学士学位外国语水平考试，且成绩合格（你需合理安排好参加学位外语水平考试的时间，如学位申请截止的最后半年再参加学位外语水平考试，将无法申请学位）。

2. 学位申请需提交的材料

（1）《四川省普通高等学校成教本科毕业生学士学位申请表》。

（2）成人高等教育本科毕业证书复印件及身份证复印件一份。

（3）省（市/区）学位办颁发的学位外语考试成绩合格证书原件。

（4）近期彩色免冠两寸蓝底照片两张。

（5）本科毕业生学士学位申请信息登记表（本人签字确认）1 份。

### 4.3.2 学位申请、授予流程

图 4-49 为学位申请流程。

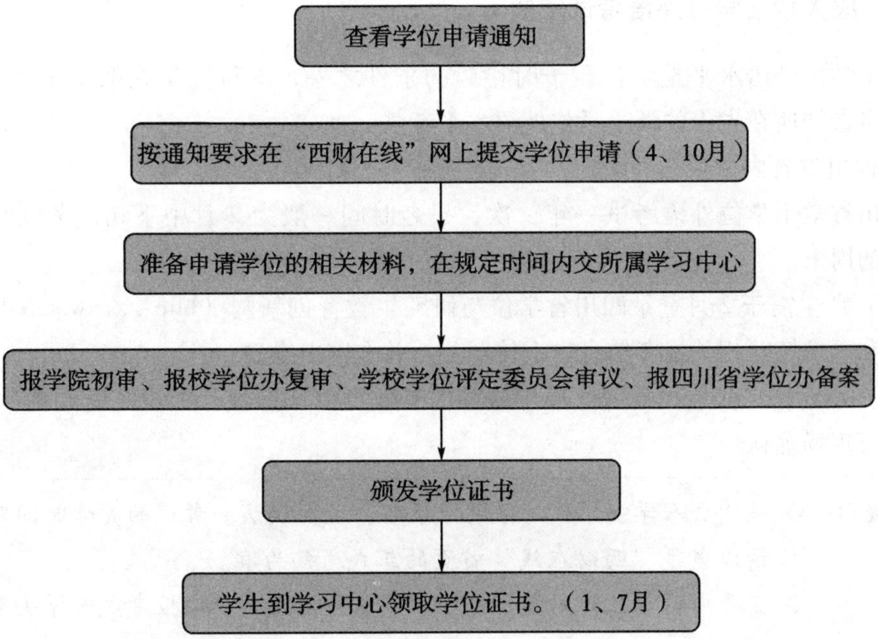


图 4-49

学位证书样本见图 4-50。

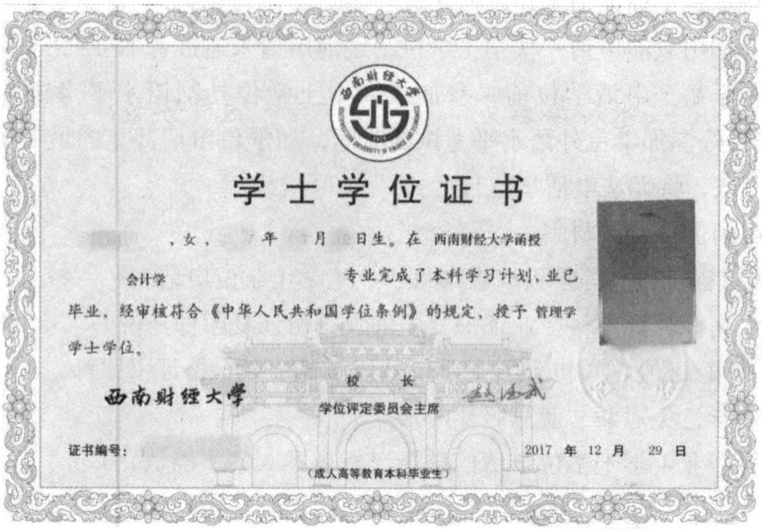
西南财经大学

学士学位证书

，女，　年　月　日生。在 西南财经大学函授

会计学　专业完成了本科学习计划、业已毕业，经审核符合《中华人民共和国学位条例》的规定，授予 管理学 学士学位。

西南财经大学　校　长　学位评定委员会主席

证书编号：　2017 年 12 月 29 日

（成人高等教育本科毕业生）

图 4-50

### 4.3.3　成人学士学位外语考试须知

学士学位外语水平是学位授予时检验的条件之一，本科同学在取得正式学籍后，即可报名参加所在省份的学士学位外语水平考试。

1. 四川省省内学生

四川省学士学位外语考试一年一次，报名时间一般为 2 月中下旬，考试时间为 4 月上旬的周末。

（1）考生需于 2 月登录四川省学位与研究生教育创新网（http://cxw.sc.edu.cn/），按提示和要求填写相关报考信息、上传照片，并在网上缴费。

（2）本人持二代居民身份证原件或其他有效身份证原件，在规定时间内到指定报名点进行现场确认。

> **特别提示：**◇ 关于成人学士学位外语网上报名、现场确认和考试的具体时间及要求请以当年“西财在线”首页的正式通知为准。
> ◇ 需要申请学位的同学，可在取得本科学籍后多次报考成人学士学位外语考试。

2. 四川省省外学生

你如果是四川省外站点的学生，需要在当地省市参加成人学士学位外语考试的，须提前向学校申请备案，备案成功后在省外取得的成人学士学位外语合格成绩方可有效。

考生须于考前一年的 11 月中旬至 12 月底登录“西财在线”主页，点击“川外学位考试申请”进行备案（见图 4-51 和图 4-52）（具体时间以“西财在线”正式通知为准）。备案后，按所属地省学士学位外语报名流程报考即可。各省成人学士学位外语考试具体报考细则按所在省学位办要求执行（详情请咨询站点负责老师或考生所在省/市学位办）。

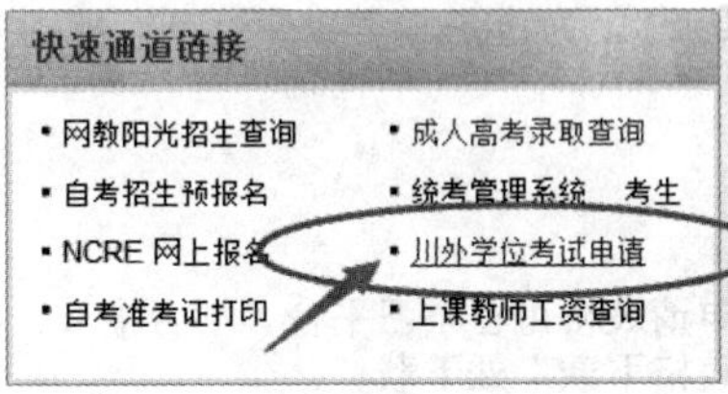


图 4-51

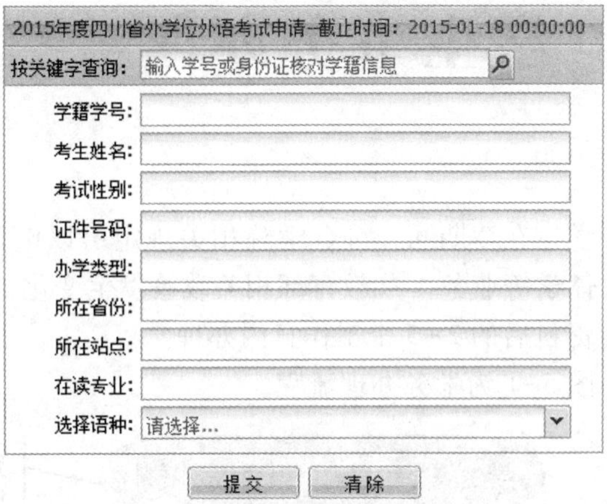


图 4-52

注意：

部分省份已不再统一组织学士学位外语考试，考生可通过取得全国英语等级考试三级（PET-3）及以上等级笔试成绩合格证书，替代学士学位外语水平考试。这些省份包括：安徽、福建、甘肃、广西、陕西、浙江、上海、山东、海南、青海、云南。

# 5 学生事务办理

学生在读期间，符合学院相关规定可以申请办理免考、转专业、转学习中心、退学、休学等业务（如教育部相关政策发生变化，以新政策为准）。学院将在收到相关的申请资料后的2~5个工作日内办理。

图5-1为学务办理流程。

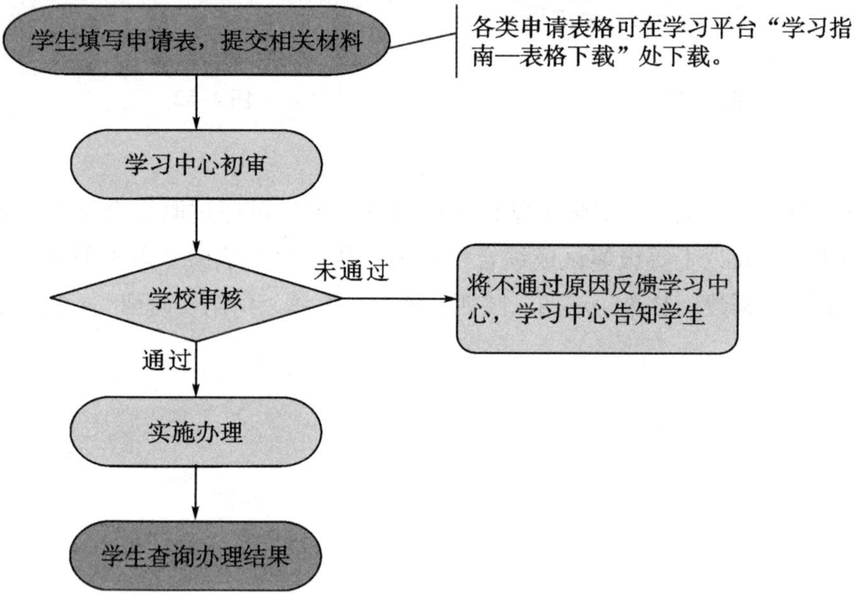


图5-1 学务办理流程

## 5.1 免修

根据《西南财经大学高等学历继续教育课程免试管理办法》，如果学生在进入我院学习以前，已持有国家承认的相关证书或已持有国民教育系列专科及以上课程成绩单，可申请免修已经学过且与学校教学计划规定的教学内容相应的公共基础课程，其他课程不能申请免试。

表5-1为免考条件对照表。

表 5-1 西南财经大学高等学历继续教育课程免考条件对照表

<table>
<tr><th colspan="2">已取得资格或条件</th><th>可免考的范围</th><th>免考提交材料</th></tr>
<tr><td colspan="2">专科（报读同层次二专业）</td><td>课程成绩合格可申请免考我校教学计划中相同公共基础课及专业基础课</td><td>提供加盖公章的毕业成绩单正本材料</td></tr>
<tr><td colspan="2" rowspan="2">本科（报读同层次二专业）</td><td>课程成绩合格可申请免考我校教学计划中相同公共基础课及专业基础课</td><td>提供加盖公章的毕业成绩单正本材料</td></tr>
<tr><td>统考课程：大学英语(B)、计算机应用基础、大学语文(B)</td><td>提供毕业证书（验原件交原件扫描件）</td></tr>
<tr><td colspan="2">我校专科或本科毕业证书，再次报读</td><td>可免相同层次教学计划中相关课程</td><td>我校毕业成绩单原件</td></tr>
<tr><td colspan="2">全日制普通高校本、专科退学生、肄业生</td><td>可免试已取得合格成绩的相同专业层次的相关公共基础课</td><td>提供毕业证书、肄业证或退学证明及课程合格成绩单（验原件交复印件）</td></tr>
<tr><td colspan="2">取得高等教育自学考试本、专科单科合格成绩者</td><td>可免试相同专业、层次的相关课程</td><td>提供毕业证书和毕业生学籍表（验原件交复印件），在籍学生需提供课程合格证书（验原件交复印件）</td></tr>
<tr><td colspan="2">取得专门专业（专科及以上）毕业证书者</td><td>可免试相应的公共基础课程，如数学专业专科毕业生可免试数学、英语专业专科毕业生可免试英语，其余类推</td><td>提供毕业证书原件及复印件</td></tr>
<tr><td colspan="2">通过教育部认可专业资格证书考试（如注册会计师资格考试），获得有关专业证书</td><td>可免试相应课程</td><td>提供获得的专业证书（验原件交原件扫描件）</td></tr>
<tr><td colspan="2">入学注册时年满 40 岁及以上</td><td>统考课程：大学英语（B）</td><td>身份证（验原件交扫描件）</td></tr>
<tr><td colspan="2">已参加统考且成绩合格</td><td>免相应统考课程</td><td>相应课程成绩合格网上查询结果</td></tr>
<tr><td colspan="2">户籍在少数民族地区的少数民族</td><td>统考课程：大学英语（B）</td><td>身份证（验原件交扫描件）</td></tr>
<tr><td rowspan="4">等级证书</td><td>大学英语四、六级证书（CET）（2006 年 1 月 1 月以后取得的英语四六级证书或成绩单不能办理统考英语免考）</td><td rowspan="3">基础英语课程<br>统考课程：大学英语 B</td><td rowspan="3">提供相关证书材料（验原件交原件扫描件），统考免考（验原件交扫描件）</td></tr>
<tr><td>全国公共英语等级考试（PETS）三级</td></tr>
<tr><td>省级教育行政部门组织的成人教育学位英语考试合格证书者</td></tr>
<tr><td>全国计算机等级考试（NCRE）一级 B 或以上合格证书者</td><td>计算机应用基础<br>统考课程：计算机应用基础</td><td>提供相关证书材料（验原件交复印件），统考免考（验原件交原件扫描件）</td></tr>
</table>

特别提示：◇ 考查课程一律不能免试所学相关专业相应课程。
◇ 凡免试课程不以原成绩分数计，均以 75 分记入成绩档案。
◇ 免试课程不得超过所学专业教学计划规定课程的三分之一；免考课程成绩有效期不得超过五年。
◇ 本科段所学课程免试专科段课程，但不能用专科段课程免试本科段课程。

## 5.2 转专业

学生在在读期间因工作需要或其他特殊情况可申请转入新专业学习，只需按学务办理流程向学习中心提交《转专业申请表》的材料，等待审批结果即可。学校将在收到学习中心上报的转专业材料后的两个工作日内审核办理。

特别提示：◇ 原专业已修课程，符合转入专业教学计划的课程，承认其学分。
◇ 转专业后，按新的年级专业教学计划要求执行。
◇ 在读期间只允许转一次专业，转专业后学号、密码不变。

## 5.3 转学习中心

学生在在读期间因工作需要或其他特殊情况可申请转入其他学习中心进行学习。转学习中心办理流程如图 5-2 所示。

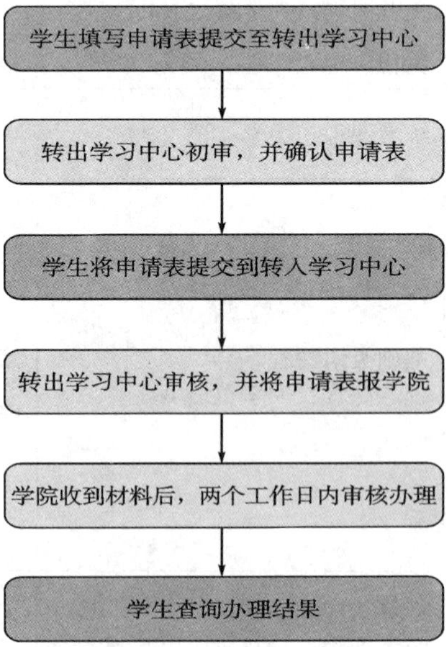


图 5-2　转学习中心办理流程

特别提示：◇ 转学习中心前请先与转入学习中心联系，确定转入中心开设了你所报读的专业。
◇ 转学习中心后，需按转入学习中心的收费标准缴纳相应学费。
◇ 转学习中心后学号、密码不变。

## 5.4　退学

学生如因某种原因需要申请退学，可向所属学习中心提出书面申请，经学校审批同意后，可办理相关退学退费手续。

温馨提示：◇ 退费时须提供学校开出的中央非税收入统一票据。
◇ 教材费在扣除你实际领用教材后计算教材费退费。
◇ 开学或交费注册两个月内，按照教学时间扣除实际费用后计算学费退费。
◇ 开学或交费注册两个月后申请退学者，不再退还学费。

退学办理流程见图 5-3。

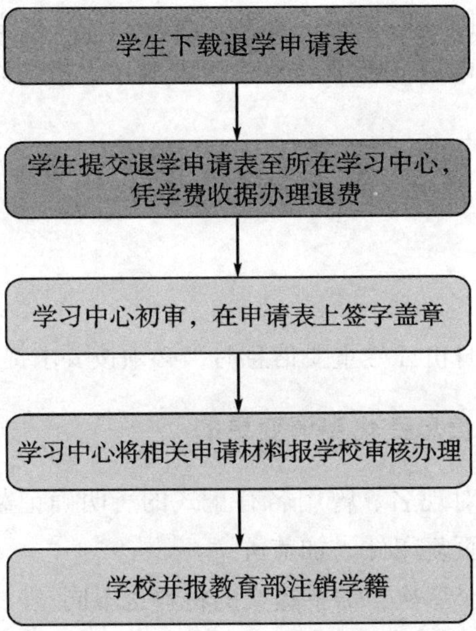


图 5-3　退学办理流程

## 5.5 休学及复学

### 5.5.1 休学

学生如因病或其他特殊原因暂时不能坚持学习的可申请休学，由学生本人提出书面申请，填写休学申请表交所在学习中心初审盖章后，报学院审核办理。

### 5.5.2 复学

特别提示：◇ 休学期限一般为1年，特殊情况可连续休学2年，但累计不得超过2年。
◇ 休学期间学籍予以保留，休学时间算入学籍，最长有效期为6年。
◇ 复学后学生按原教学进度编入新的年级学习，按新年级教学计划及收费执行。
◇ 休学期满未按规定时间申请复学的，按自动退学处理。
◇ 休学生不退还剩余费用。

休学期满办理复学（因病休学的学生复学时必须持县级以上医院的康复证明）须向所在学习中心提出书面申请，经学习中心初审盖章，报学院核准后，在学习中心办理重新入学的手续。

## 5.6 个人信息变更

如你需要修改姓名或身份证号重要信息时，必须按要求提交相关材料。

### 5.6.1 在校期间因户籍信息变化申请变更的

姓名变更的，须提供对现名、曾用名有正式的、明确记载的常住人口登记表或户口簿有曾用名记载的那一页复印件（加盖鲜章）。

身份证号变更分为三个层次，需要提交的材料也不同。

第一层次：仅改尾号的（身份证后4位），凭各级公安机关的格式证明均可；

第二层次：改行政区划的（身份证前6位），凭县级公安机关的格式证明；

第三层次：改生日的，须提供公安局原始存档的公民身份信息变更审批表复印件及身份证复印件。

### 5.6.2 报名时填报或录入信息有误申请更改的

报名时填报或录入信息有误申请更改的，须出具报名时填写的报名登记表复印件（可在所在学习中心获取）。

信息变更办理流程如图 5-4 所示。

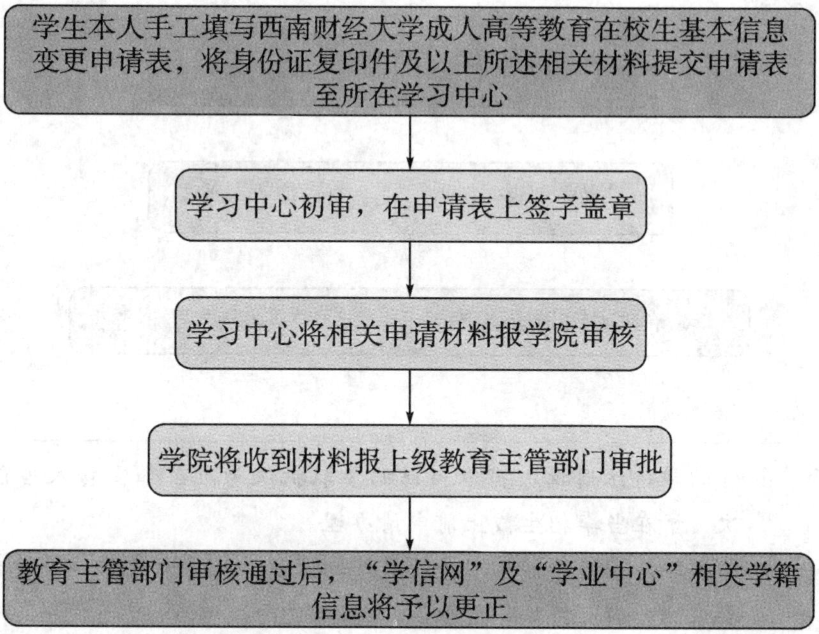


图 5-4 信息变更办理流程

## 5.7 非学历转学历教育

参与课程进修或专业进修的非学历教育学生符合我院高等学历教育入学资格，参加入学考试通过者，可申请转为学历教育学生，并取得当年招生批次的正式学籍，学籍有效期限从转入批次算起。

非学历转学历教育条件包括：

①非学历教育学生，已符合我院高等学历教育入学资格；

②通过我院入学考试。

非学历转学历教育办理流程如图 5-5 所示。

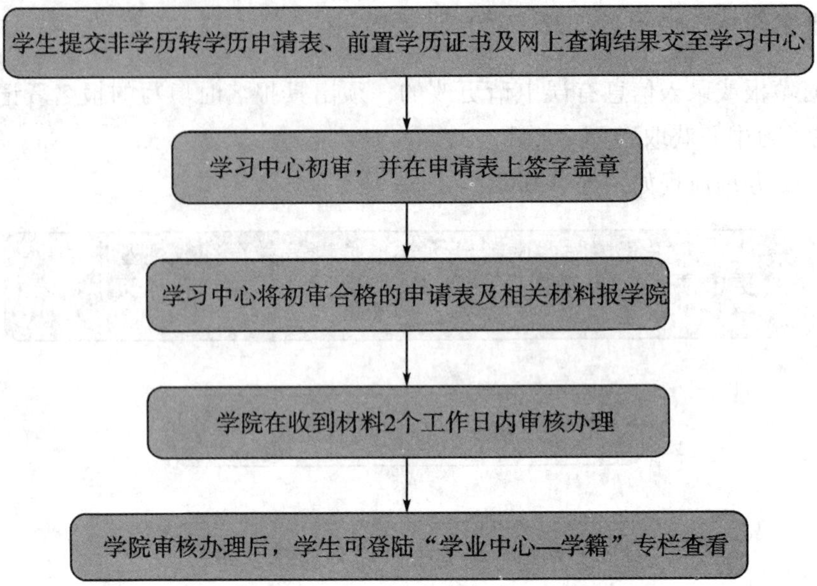


特别提示：◇ 你的学籍注册批次将以当前的录取批次为准，如需转入当前招生批次，请在当季招生截止前申请办理。

◇ 转入学历生后，你在本校所进修的课程，凡符合录取后所学专业计划要求的，均可直接获得承认。

◇ 转入学历生后，本科学生应及时报名参加教育部规定的公共基础课程的统考。

# 参考文献

[1] 中华人民共和国教育部办公厅. 关于支持若干所高等学校建设网络教育学院开展现代远程教育试点工作的几点意见（教高厅〔2000〕10号）[R/OL].（2010-07-28）. http://old.moe.gov.cn//publicfiles/business/htmlfiles/moe/A08_sjhj/201109/124838.html.

[2] 中华人民共和国教育部. 关于加强高校网络教育学院管理提高教学质量的若干意见（教高〔2002〕8号）[R/OL].（2002-07-08）. http://old.moe.gov.cn//publicfiles/business/htmlfiles/moe/s3865/201010/110174.html.

[3] 国家中长期教育改革和发展规划纲要工作小组办公室. 国家中长期教育改革和发展规划纲要（2010—2020年）[R/OL].（2010-07-29）. http://old.moe.gov.cn/publicfiles/business/htmlfiles/moe/info_list/201407/xxgk_171904.html.

[4] 中华人民共和国教育部. 高等学历继续教育专业设置管理办法（教职成〔2016〕7号）[R/OL]（2016-11-22）. http://www.moe.edu.cn/srcsite/A07/moe_743/201612/t20161202_290707.html.

[5] 唐旭辉，李良华. 网络教育学生学习导论［M］. 成都：西南财经大学出版社，2010.

# 政策附录

## 西南财经大学高等学历继续教育学籍管理规定

### 第一章　总　则

第一条　为维护学校正常教育教学秩序，保障学生合法权益，进一步规范我校高等学历继续教育学籍管理工作，依据《中华人民共和国高等教育法》及《普通高等学校学生管理规定》等有关法规，结合我校高等学历继续教育实际情况，特制定本规定。

第二条　学校全面贯彻党和国家教育方针，坚持社会主义办学方向，坚持立德树人根本任务，树立良好学风校风，提高高等学历继续教育本、专科人才培养质量，培养德智体美全面发展的社会主义建设者和接班人。

第三条　学校高等学历继续教育学生学籍管理工作由西南财经大学继续（网络）教育学院（以下简称“学院”）负责实施，各校外学习中心、函授站（点）（以下统称为“站点”）协助完成。

第四条　本规定适用于我校高等学历继续教育函授、业余（以下简称“成教”）及网络教育（以下简称“网教”）本、专科在籍学生。

### 第二章　入学、注册与学籍

第五条　按照国家招生规定录取的成教及网教新生，应按照学校或校外学习中心、函授站（点）的要求和规定期限，持录取通知书、身份证或其他有效身份证件，到指定地点办理入学相关手续。

因故不能按期到指定地点办理入学手续者，必须事先以书面形式向学校或校外学习中心、函授站（点）请假。请假时间原则上不得超过两周。未请假或请假逾期未办理入学手续的，除因不可抗力等正当事由外，视为放弃入学资格。

第六条　学校在报到时对新生入学资格进行初步审查，审查合格的办理入学手续，予以注册学籍；审查发现新生的录取通知、考生信息等证明材料与本人实际情况不符，或者有其他违反国家招生考试规定情形的，取消入学资格。

第七条　成教新生可以申请保留入学资格（网教新生不能申请保留入学资格）。新生在报到前按规定提出申请并经学校审查同意后可以保留入学资格一年，申请保留入学资格期间或保留入学资格期间不具有学籍。保留入学资格的到校学生，应在五日内离校；无故不离校者，不再保留入学资格。

成教新生应当在保留入学资格期满前向所在学校或所在函授站（点）提出入学申请，经学校审查合格后，办理入学手续。审查不合格的，取消入学资格；新生逾期不办理入学手续且不具备不可抗力等正当理由的，视为放弃入学资格。

第八条　新生入学后，学校在三个月内按照国家招生规定进行复查。复查内容主要包括以下方面：

（一）录取手续及程序等是否符合国家招生规定；

（二）所获得的录取资格是否真实且符合相关规定；

（三）本人及身份证明与录取通知、考生档案等是否一致；

（四）报名参加专科、专科起点本科或本科第二学历学习的学生，须提供第一学历已获得的国民教育系列的高等教育毕业证书（以在教育部“学信网”查实为准）。

复查中发现学生存在弄虚作假、徇私舞弊等情形的，确定为复查不合格，取消学籍；情节严重的，学校移交有关部门调查处理。

第九条　学生的学籍由学校统一建档管理。各站点按学校统一的格式和要求，建立完整的学生电子学籍档案，在学生学习期间实施有效管理，作为学校和各级教育行政部门查询、检查、审核学生学业信息的依据。

第十条　学校网络教育、函授实行学年注册制。在籍学生、按规定应复学的学生、保留入学资格期满的学生、新招收入学的学生、转学进入我校学习的学生等，按学年注册。学生应在每学年第一学期开学前缴清新学年应缴费用，按学校或站点要求和规定期间办理注册手续。完成注册后，学生取得当年学籍，具备课程学习、成绩查询等权限。逾期未注册者，视为放弃学籍，由所在站点申请，学校按规定作退学处理。

半脱产、夜大基本学制未满的在籍学生应在新学期开学两周内到校办理报到注册手续。无故逾期两周不办理报到入学手续者，取消当学期注册资格，学籍自动终结。

未按学校规定缴纳学费或者其他不符合注册条件的，不予注册或保留学籍。

## 第三章　学制、学习年限与学分

第十一条　学习期限实行弹性制度，高中起点专科和专科起点本科的基本学制为2.5年，学习期限为2~6年；高中起点本科的基本学制为5年，学习期限为4~8年。

最长学习期限含休学时间，超出最长学习期限者，学校不予以注册学籍。

第十二条　学校高等学历继续教育实行学分制管理，课程学分的计算以该课程在专业人才培养方案中的类型及重要性为依据。学生必须在最长学习期限内完成专业教学计划所规定的全部教学环节，修满学分。学分的计算方法按照学校人才培养方案的规定执行。课程考核成绩合格者可取得该课程的学分，归入学生学籍档案。

第十三条　学生学习分为春、秋两个学期，春季学期为每年3月至7月，秋季学期为每年9月至次年1月。

## 第四章　学生证

第十四条　学生证系学校成教和网教在籍学生的身份证明，新生入学后由所属站点负责办理并发放。学生不得擅自涂改或转借他人。

第十五条　学生参加学校或站点组织的教学活动时（面授、辅导、答疑、考试等），须携带学生证，应服从管理人员的验证检查。

第十六条　对已批准转站、转专业等学籍异动的学生，一经批准，须交回原学生证，并换发新学生证。

第十七条　学生办理退学、毕业等离校手续时，须交回学生证。

第十八条　如学生证遗失，应立即报告所属站点，书面说明遗失原因，并书面申请补办学生证。

## 第五章　课程考核及成绩记载

第十九条　学生在校期间须按学校制订的人才培养方案，安排自己的学习和学业进程。按照规定的专业计划课程和教学要求，参加课堂面授或网上学习、完成作业、考试或考查以及实习实践环节。

第二十条　衡量学生学业完成情况的基本依据为学生所修课程及取得的学分数。学生应当诚实守信，参加专业人才培养方案规定的课程和各种教育教学环节（以下统称“课程”）的学习及考核，课程考核成绩载入成绩册，并归入本人学籍档案。

第二十一条　依据学校人才培养方案专业执行计划，第一学期不设选修课程。每学期必修课程根据人才培养方案专业执行计划确定。选修课程（考查课程）实行网上选课及在线考核制度。学生应在第一学期内制订自己各学期的选修课程学习计划，未按规定完成选课的，不能参加选修课程的学习和考核，不能取得选修课程学分。

第二十二条　学生所学专业各门课程学习成绩即课程总评成绩由形成性考核成绩与终结性考核成绩两部分构成，以百分制计量，60 分合格。形成性考核成绩占总评成绩的 40%，终结性考核成绩占总评成绩的 60%。

第二十三条　学生期末考试实行约考制度。学生应在每年 4 月和 10 月对当前学期要参加考试的课程进行网上预约，未进行网上预约考试的学生，学校将不组织其考试。学生因工作等原因不能参加课程考试，应在考试前一个月内向所在站（点）或校外学习中心请假备案，按缓考记录，并累计一次考试次数，第二次考试按实际成绩记载。

第二十四条　课程总评成绩不及格的须进行重修。重修时，学生可重新通过形成性考核，系统自动保留最高一次形成性考核成绩，计入课程总评成绩。课程总评成绩及获得的相应学分记入学生成绩册，并归入学生本人学籍档案。

第二十五条　考试结束后 40 天内，统一发布成绩（具体时间以首页成绩发布通知为准）。学生可登录学习平台查询，也可通过所属站点查询。学生如对考试成绩有异议，可在通知规定时间内申请复查。

## 第六章　学籍异动

第二十六条　学生应当按照录取的专业完成学业，确有特殊情况需要调整专业的，可在第一学年内，申请同层次同科类转专业，但须严格执行调整后的专业人才培养方案，并修满相应学分，同时应按补修学分交齐学费。

第二十七条　新生可在报到注册后一个月内申请调整学习形式。业余（半脱产、夜大）和函授之间可以相互调整；网络教育不能调整为函授或业余学习形式，函授或业余形式也不能调整为网络教育学习形式。

第二十八条　有下列情况之一的学生，不得申请转专业、调整学习形式：

（一）招生时有特殊要求的；

（二）毕业年级的；

（三）正在休学期间的；

（四）应作退学处理的；

（五）在处分期内或处分期结束但未解除处分的；

（六）经学校审核认为不适合转专业的。

第二十九条　学生在办理转专业和调整学习形式时，应准确填写西南财经大学高等学历继续教育学生转专业、调整学习形式申请表，由所属站点盖章同意后，报学校批准。

第三十条　学生在籍期间只能申请一次转专业或调整学习形式。被批准转专业、调整学习形式，且已办理相关转出手续者，不得申请转回。

第三十一条　基本信息变更

学生在籍期间更改学生姓名、性别、民族、身份证号码等个人基本信息，必须填写西南财经大学高等学历继续教育在校生基本信息变更申请表，并根据四川省教育厅要求附相关证明材料，由学校负责初审，报四川省教育厅复审通过后方可更改。

第三十二条　转站点

在籍学生因某种特殊原因需要转至我校其他站点就读的，应由学生本人在学年末填写申请表提出书面申请，经转出及转入站点同意后，报学校批准。转站点后，学生学费的收取按照转入站点的学费标准执行。

第三十三条　学生一般应在本校完成学业，如患病或者确有特殊困难、特别需要，无法继续在本校学习或者不适应本校学习要求的，可以按照四川省教育行政主管部门及学校的相关规定申请转学。

特殊困难一般指因家庭有特殊情况，确需学生本人就近照顾的。

第三十四条　学生有下列情形之一，不得转学：

（一）网络教育的学生；

（二）以特殊招生形式录取的学生，国家有相关规定或者录取前与学校有明确约定的；

（三）由低学历层次转为高学历层次的；

（四）入学未满一学期或者毕业前一年的；

（五）无正当转学理由的。

第三十五条　转学学生应与转出学校协商好新生电子注册事宜，并提供以下材料：

（一）省内学校间的学生转学，需提供以下转学材料：学生本人填写转出和转入学校签字盖章的四川省成人高等教育学生转学申请确认表一式四份（见附表一）；盖有省级招生办公室录取专用章的新生录取名册复印件并加盖转出学校公章；转出学校出具的学习成绩证明。由转入学校报省教育厅确认转学理由正当，可办理转学手续。

（二）学生跨省转学，除履行和省内转学同样手续外（转学申请表填写一式五份），还应由转出学校报所在地省级教育行政部门商转入地省级教育行政部门，按转学条件确认后办理转学手续。

## 第七章　退学、休学与复学

第三十六条　学生有下列情况之一者，可予以退学处理：

（一）休学、保留学籍期满，在学校规定期限内未提出复学申请或者申请复学经复查不合格的；

（二）在学校规定最长学习年限内未完成学业的；

（三）经学校指定医院诊断，患有疾病或者意外伤残无法继续在校学习的；

（四）未经批准连续两周未参加学校规定的教学活动的；

（五）超过学校规定期限未注册，又未履行暂缓注册手续的；

（六）学校规定的不能完成学业、可予退学的其他情形。

第三十七条　按规定可予退学处理的学生，由所属站点出具退学处理的报告，经学校审查后，予以退学处理。退学决定同时报四川省教育行政主管部门备案。

学生本人申请退学的，经学校审核同意后，办理退学手续。

第三十八条　退学学生将报教育部“学籍学历信息管理平台”注销学籍，注销后不可复学。退学学生已交纳学费根据实际学习时间，按月计退剩余费用。教材费根据实际领用教材计退教材费剩余费用。

第三十九条　学生申请休学或者学校认为应当休学的，经学校批准，可以休学。

第四十条　休学期限以学年为单位，休学次数累计不超过两次，休学时间累计不得超过两年，超过两学年作退学处理。休学生须在休学期满前一个月内提交复学申请，经学校核准后方可复学，逾期未办理复学手续者将按退学处理。

第四十一条　学生有下列情形之一的，应予休学：

（一）因伤、病，经县级以上医院诊断，须停课治疗、休养的时间为六周及以上的；

（二）因私自费短期出国（境）留学的；

（三）因其他特殊原因，学校认为必须休学的。

第四十二条　学生申请休学应由本人提出申请，提供有关证明材料，填写休学申请表，由所属站点负责人签署意见后，报学校批准。

第四十三条　休学学生的有关问题，按下列规定办理：

（一）休学学生必须办理休学手续，学校保留其学籍；

（二）学生休学期间不享受在校学习学生待遇；

（三）在休学期间，本人或监护人对自身行为及其产生的后果负责。

第四十四条　学生复学按下列规定办理：

（一）休学期满，因伤、病要求复学的学生，申请复学时必须持县级以上医院的康复证明由本人提出书面申请，经学生所属站点审查同意，学校批准后，办理复学手续。

（二）学生因其他原因休学，申请复学时需提交必要证明材料，由本人提出书面申请，经学生所属站点审查同意，学校批准后，办理复学手续。

（三）学生休学期间，如有违法乱纪行为，取消复学资格。

完成上述流程后，学生应及时缴清应缴学费，到本人所属站点办理注册手续。

第四十五条　学校根据复学学生本人的申请、休学期限以及课程修读情况审批其复学后编入原年级或后续年级学习。

## 第八章　奖励与处分

第四十六条　对德智体美全面发展，或在思想品德、学业成绩、科技创造、体育竞赛、文艺活动、志愿服务及社会实践等方面表现突出的学生，依照学校学生表彰奖励有关规定给予表彰和奖励。

第四十七条　对有违反法律法规及学校纪律行为的学生，学校进行批评教育，并视情节轻重，依照学校学生违纪有关规定给予警告、严重警告、记过、留校察看及开除学籍处分。

第四十八条　被开除学籍的学生，由学校发给学习证明。

## 第九章　毕业与学位

第四十九条　凡具有正式学籍的学生在学籍有效期内修完本专业人才培养方案规定的全部课程，成绩合格，取得学分（网络教育本科学生还需通过教育部公共基础课程全国统考），通过思想品德鉴定，准予毕业，并颁发西南财经大学成人或网络教育毕业证书，予以电子注册国家承认学历。

第五十条　有下列情况之一者，不予毕业：

（一）未修完所学专业规定课程，未取得所学专业规定学分者；

（二）网络教育学生未通过教育部规定的公共基础课统一考试者；

（三）网络教育学生统考替考，取消统考及毕业注册资格者；

（四）未按要求参加毕业生电子图像信息采集，学信网上无学历照片者。

第五十一条　符合学校高等学历继续教育学士学位授位有关规定的本科毕业生，经本人申请，学习服务中心初审、学校学位办复审、学校学位评定委员会审议通过后，可由学校授予相关学科学士学位。

第五十二条　对以作弊、剽窃、抄袭等学术不端行为或者其他不正当手段获得的学历证书、学位证书，学校应依法予以撤销。

被撤销的学历证书、学位证书已注册的，学校应予以注销并报教育主管部门宣布证书无效。

第五十三条　学生的毕业证书及档案只颁发一次，本人须妥善保存。

（一）若毕业证书遗失或损毁，经本人申请，由学校核实后出具相应的毕业证明书。毕业证明书与原证书具有同等效力。申请办理程序：

（1）学生必须在市（地、州）级以上公开发行的报纸登报，申明由西南财经大学颁发的×××姓名，×××专业，××××××号毕业证书，因遗失，或其他原因造成损毁作废。

（2）学生本人提出书面申请，注明本人的出生年、月、日、籍贯，毕业证遗失的时间、地点、原因等内容。

（3）将书面申请，申明作废的原版报纸（不能裁剪），本人身份证（原件、复印件），近期二寸半身蓝底正面免冠照片两张，报学校核实办理。

学历证明书内容、格式、大小与毕业证书基本相同，有原毕业证书编号和签发日期，有学历证明书编号及签发日期，并加盖西南财经大学印章。

（二）若毕业档案遗失或损毁，经本人申请，学院审核无误后，出具学生成绩单、学历信息证明（不填写及补发毕业生登记表），档案密封后加盖档案补发印章。

## 第十章　非学历转学历教育

第五十四条　非学历教育转学历教育仅指部分在职人员为提升个人能力和专业知识水平，参加我校网络教育相应专业的课程学习，并按严格按学校要求完成学习和考试。

第五十五条　进修（包括专业进修及课程进修）学生不在教育部进行新生学籍电子注册，不具有正式学籍，属于非学历教育。

第五十六条　进修生在取得专科毕业证以后，须及时将专科毕业证书交所在站点审核。审核通过后，由学生本人填写西南财经大学网络教育非学历教育转学历教育申请表，由所在站点签字盖章后将相关材料报学校审批，通过后方可转为正式的学历教育学生，并随新的年级进行教育部新生电子注册。

## 第十一章　附　则

第五十七条　为保证教学秩序，规范办学行为，维护学生合法权益，各合作单位、站点可根据本规定制定相关实施细则或办法，报学校批准后，作为本规定的补充规定。

第五十八条　本规定由西南财经大学继续（网络）教育学院负责解释。

第五十九条　本规定自 2017 年 11 月 1 日起施行，原学籍管理规定同时废止。

# 西南财经大学高等学历继续教育本科毕业生学士学位授予实施细则

第一条 为贯彻执行《中华人民共和国学位条例》《中华人民共和国学位条例暂行实施办法》《国务院学位委员会关于授予成人高等教育本科毕业生学士学位暂行规定》《四川省普通高等学校关于授予成人高等教育本科毕业生学士学位实施办法》等有关规定，切实保证高等学历继续教育本科毕业生（包括成人教育函授及业余，以下简称“成教”；高等教育自学考试，以下简称“自考”；网络教育，以下简称“网教”）学士学位授予质量，结合西南财经大学（以下简称“学校”）高等学历继续教育的实际情况，特制定本实施细则。

第二条 学校高等学历继续教育本科毕业生学士学位授予由学校学位评定委员会办公室（以下简称“学位办”）统一负责，继续（网络）教育学院具体实施。

第三条 授予高等学历继续教育本科毕业生学士学位的对象。

（一）学校成教本科毕业生，即学校通过全国成人高考招收录取的函授、业余本科毕业生；

（二）学校主考的自考本科毕业生；

（三）学校网教本科毕业生。

第四条 高等学历继续教育本科毕业生申请学士学位须符合以下条件：

（一）在获得本科毕业生证书后两年内提出申请。

（二）完成所学专业教学计划规定的课程学习，取得本科毕业证书。成教和网教本科毕业生，其专业教学计划规定的考试课程总平均成绩不低于 75 分；自考本科毕业生，其专业教学计划规定的考试课程总平均成绩不低于 65 分。网络教育统考课程、体育课、毕业论文或毕业设计以及其他毕业实践环节成绩合格，不纳入总平均成绩计算。

（三）参加以下外语水平考试之一且成绩合格。

取得本科学籍或考籍后，申请学位前，参加高等学历继续教育本科毕业生申请学士学位外国语水平考试（以下简称“学位外语考试”）。

（1）参加四川省教育考试院组织的四川省学士学位外语考试，且成绩合格；

（2）学校在四川省外所设函授站、学习中心本科学生，可经本人申请，继续（网络）教育学院汇总上报四川省学位办备案同意后，参加所在省市的学士学位外语考试，且成绩合格。

四川省内全日制普通高等院校本、专科在校生参加学校主考和主办的四川省高等教育自学考试本科阶段学习，在取得考籍后，以在校生身份参加全国大学英语（CET）四、六级考试，成绩达到 425 分及以上者。

明确不再统一组织学士学位外语考试的省份，在取得本科学籍或考籍后，申请学位前，参加所在省市教育主管部门相关文件认可的其他具有同等水平的外语考试，且成绩合格。未指定的省份，参加全国英语等级考试三级（PETS-3）及以上等级笔试成绩合格；或曾有省级学位办审核用以替代学位外语考试的其他考试，且成绩合格。

（四）成教和网教本科毕业生，须参加学校学位办组织认定的三门专业“主干课程”考试，且成绩合格。

第五条 高等学历继续教育本科毕业生，有下列情况之一者，不能申请学士学位：

（一）在读期间严重违反学术诚信的或触犯刑法受到处罚的；

（二）在纪律处分期内的；

（三）超过申请学士学位规定年限的；

（四）经学校学位评定委员会评定不授予学士学位再次申请的；

（五）学校规定不能授予学士学位的其他情形。

第六条　高等学历继续教育学士学位申请时间以当年学校通知为准。

第七条　学校高等学历继续教育学士学位授予工作程序为：本人申请、继续（网络）教育学院初审、学校学位办复审、学校学位评定委员会审议通过后，报四川省学位办备案。

（一）本人申请。

凡申请学校高等学历继续教育学士学位者，应在规定时间内登录“西财在线”，提交网上申报信息，并打印所填报的西南财经大学高等学历继续教育本科毕业生学士学位申请信息确认表。

网上申报成功者应到继续（网络）教育学院进行现场确认，并如实提交以下个人申请材料：

（1）西南财经大学高等学历继续教育本科毕业生学士学位申请表（以下简称“申请表”）；

（2）高等学历继续教育本科毕业证书及身份证复印件；

（3）四川省学位办颁发的学位外语考试成绩合格证书原件或其他认可的具有同等水平的外语考试成绩合格证明；

（4）自考本科毕业生学籍表。

（5）西南财经大学高等学历继续教育本科毕业生学士学位申请信息确认表。

（二）继续（网络）教育学院按规定对毕业生提交的申请材料进行初审和鉴定，并将符合申请条件的毕业生申请材料汇总后报学校学位办。继续（网络）教育学院应向校学位办提交以下材料：

（1）西南财经大学推荐授予学士学位的高等学历继续教育本科毕业生名单；

（2）申请者应提交的个人申请材料（一人一袋，以毕业生名单顺序编号）；

（3）成教本科毕业生的省级招生机构录取新生名册，网教本科毕业生学校录取名册；

（4）本科专业教学计划。

（三）学校学位办复审通过后，将申请者名单及材料报学校学位评定委员会审议，审核通过后，授予学士学位，并造册报送省教育厅及省学位办公室备案。

第八条　高等学历继续教育本科毕业生，如有学术不端、弄虚作假等行为，一经查实，将取消其学士学位申请资格；已获学位者，校学位评定委员会将撤销其学士学位。

第九条　本细则自 2017 年 10 月 1 日起执行。

第十条　本细则由西南财经大学学位评定委员会办公室负责解释。

# 教育部关于开展现代远程教育试点高校网络教育部分公共基础课全国统一考试试点工作的实施意见

教高〔2004〕5号

各省、自治区、直辖市教育厅（教委），新疆建设兵团教育局，各现代远程教育试点高校：

为了贯彻落实《教育部办公厅关于现代远程教育试点高校网络教育学生部分公共课实行全国统一考试的通知》（教高厅〔2004〕2号），做好试点高校网络教育部分公共基础课全国统一考试（以下简称“统考”）工作，我部决定委托全国高校网络教育考试委员会（以下简称“网考委”）开展统考试点工作。为保证试点工作的顺利进行，提出如下实施意见：

一、统考试点工作要按照网络教育应用型人才的培养目标，针对从业人员继续教育的特点，重在检验学生掌握基础知识的水平及应用能力。

二、在我部的领导下，由网考委负责实施统考试点工作。网考委下设办公室（以下简称“网考办”）、统考课程专家组和若干考区办公室，各机构负责人采用任期制，由网考委主任任命。

网考办作为网考委的日常办事机构，主要负责组织落实统考试点的有关具体工作；统考课程专家组根据统考科目的需要设立，承担制订考试大纲、命题、题库建设，对统考课程进行业务指导和统考质量分析等工作；考区办公室负责考区的阅卷及相关工作。

统考考务工作在网考委的领导下，主要由“中央广播电视大学现代远程教育校外教学支持服务体系”承担，中央广播电视大学对考务工作负有领导和协调责任。

三、各地教育行政部门要对当地的统考试点工作进行指导、监督和协调，考区办公室所在地的省级教育行政部门要指导当地的阅卷工作。考务单位要在考前和考后将考试实施方案和考试情况及时报告给当地教育行政部门。

各现代远程教育试点高校要根据我部关于考试点工作的要求和网考委的具体部署，做好宣传动员、报名、免考资格审查、参与题库建设等工作。

四、考试对象为现代远程教育试点普通高校的本科层次网络学历教育的学生和中央广播电视大学“人才培养模式改革与开放教育试点”项目的本科层次学历教育的学生。2004年3月1日以后（含3月1日）注册入学的学生要依照本实施意见的规定参加统考，对2004年3月1日之前注册入学的学生进行抽测。

五、统考科目按不同学历起点和不同专业类别确定：

高中起点本科学生的统考科目是：

（一）理工类专业统考科目包括“大学英语（B）”“计算机应用基础”“高等数学（B）”（数学专业考“高等数学（A）”）；

（二）文史法医教育类专业统考科目包括“大学英语（B）”“计算机应用基础”“大学语文（B）”（文史类专业考“大学语文（A）”）；

（三）英语类专业统考科目包括“大学英语（A）”“计算机应用基础”“大学语文（B）”；

（四）艺术类专业统考科目包括“大学英语（C）”“计算机应用基础”“大学语文（B）”；

（五）其他专业统考科目包括“大学英语（B）”“计算机应用基础”，由试点学校在“高等数学（B）”和“大学语文（B）”中再任选一门进行统考。

专科起点本科学生的统考科目是：

（一）英语类专业统考科目包括“大学英语（A）”“计算机应用基础”；

（二）艺术类专业统考科目包括“大学英语（C）”“计算机应用基础”；

（三）其他专业统考科目包括“大学英语（B）”“计算机应用基础”。

专科起点本科教育入学考试科目中没有“大学语文”或“高等数学”成绩的，按不同专业须加试统考科目“大学语文（B）”或“高等数学（B）”，考试科目的选择同高中起点本科学生的专业分类。

六、关于免考的规定：

（一）已具有国民教育系列本科以上学历（含本科），可免考全部统考科目；

（二）除计算机类专业学生外，获得全国计算机等级考试一级 B 及以上级别证书者可免考“计算机应用基础”；

（三）除英语专业学生外，获得大学英语等级考试（CET）4 级及以上级别证书者、全国公共英语等级考试（PETS）三级及以上级别证书者、省级教育行政部门组织的成人教育学位英语考试合格证书者，可免考“大学英语”；

（四）入学注册时年龄满 40 周岁的非英语专业学生可免考“大学英语”；

（五）除英语专业学生外，户籍在少数民族聚居地区的少数民族学生（界定标准见附件）可免考“大学英语”。

各试点高校要将本校免考学生名单公示并报网考办备案。

七、统考公共基础课的要求与高等教育本科学历层次相应公共基础课的要求相一致。统考试点工作由网考委统筹安排，全国统一大纲，统一试卷，统一考试，统一阅卷标准。

统考暂定每年组织两次，考试时间在 3 月和 9 月。学生在修业年限内可以多次参加考试，每次参考门次由学生自定。试点期间的统考成绩有效。

八、考试费用由现代远程教育试点高校统一缴纳。考试费应专款专用于统考工作，不得挪作他用。

九、试点期间，统考课程成绩分为合格与不合格，合格标准由网考委确定，考试结果由网考办公布。所有统考科目成绩合格作为教育部高等教育学历证书电子注册资格的条件之一。

十、统考考试试卷（含答案及评分参考、听力磁带）启用前属于机密级国家秘密。根据《中华人民共和国保守国家秘密法》《中华人民共和国保守国家秘密法实施办法》

及有关法律、法规，网考委制订统考安全保密规定。

十一、网考委成立统考突发事件“应急领导小组”，建立考试信息沟通机制，快速有效地应对全国与地区、考点发生的突发事件。

十二、网考委对统考试点工作做出突出贡献的单位和个人给予表彰。对参加统考的考生以及考试工作人员、其他相关人员，违反考试管理规定和考试纪律，影响考试公平、公正进行的行为，视情节轻重、影响大小分别给予相应的处罚。

网考办和考区办公室负责对考试违规行为进行认定与处理。

十三、网考委按照本意见制定统考工作管理办法。

附件：免考“大学英语”的少数民族学生的界定

教育部

二〇〇四年十一月二十六日